跨境电商经济发展与研究

张 艳 著

中国纺织出版社有限公司

图书在版编目（CIP）数据

跨境电商经济发展与研究 / 张艳著 . -- 北京 : 中国纺织出版社有限公司 , 2022.7（2025.6 重印）

ISBN 978-7-5180-9475-2

Ⅰ . ①跨… Ⅱ . ①张… Ⅲ . ①电子商务—经济发展—研究—中国 Ⅳ . ① F724.6

中国版本图书馆 CIP 数据核字（2022）第 058078 号

责任编辑：郭 婷　　责任校对：高 涵　　责任印制：储志伟

中国纺织出版社有限公司出版发行

地址：北京市朝阳区百子湾东里 A407 号楼　邮政编码：100124

销售电话：010—67004422　传真：010—87155801

http://www.c-textilep.com

官方微博 http://weibo.com/2119887771

河北晔盛亚印刷有限公司印刷　　各地新华书店经销

2022 年 7 月第 1 版　2025 年 6 月第 2 次印刷

开本：710 × 1000　1/16　印张：10.75

字数：220 千字　定价：69.00 元

—前　言—

随着信息技术和互联网技术的快速发展，电子商务在国际贸易中的应用日趋广泛，它将传统商业活动的各个环节信息化、网络化、电子化，给众多企业带来了无限商机。随着电子商务的全球化，跨境电商逐渐成为中国发展对外贸易的重要趋势，改变传统的世界贸易格局。与传统贸易相比，跨境电商缩短了从批发到销售的多个环节，有效降低了各种商业成本，这将给中国实体经济和外贸经济带来一片新气象，跨境电商也将在战略性新兴产业发展中成为中国经济新的增长点。

近年来，在我国外贸出口增速不断下滑，传统竞争优势削弱的压力下，我国跨境电商的交易量却保持不断增长的惊人态势。跨境电子商务为企业带来的利好逐渐显现，中国也已经意识到跨境电子商务的巨大潜力，并出台相关政策加以扶持。2015 年 12 月，国家主席习近平在互联网大会中指出实施网络强国战略，大力支持跨境电商。2016 年 3 月，首届中国跨境电商峰会在深圳市宝安区宝立方开幕。这一系列举措意味着我们已经迎来了跨境电商崭新的“黄金时代”。2019 年，我国跨境电商交易规模达 10.5 亿元。为促进我国跨境电商的快速发展，国家层面频频颁布鼓励政策，2020 年 1 月，商务部、发改委、财政部等六部门共同发布《关于扩大跨境电商零售进口试点的通知》(以下简称《通知》)，该《通知》共将 50 个城市（地区）和海南全岛纳入跨境电商零售进口试点范围，为未来跨境电商的发展创造了良好的发展机遇。在新的贸易形势下，我国电商企业也纷纷将目光转向跨境电商，同时，传统的对外贸易行业也开始经营线上业务，逐渐向跨境电商行业转型。跨境电子商务这种“互联网 + 外贸”的新模式，为外贸发展提供了新支撑，极大地促进了资源的优化配置以及各个国家和地区相关贸易产业的快速发展。

著者

2022 年 1 月

目　录

第一章　跨境电商概述

第一节　跨境电商的概念及特征

一、跨境电商的概念

跨境电商是跨境电子商务的简称，是指分属不同关境的交易主体，通过电子商务平台达成商品或信息交易、进行支付结算，并通过跨境物流送达商品、完成交易的一种国际商业活动。

二、跨境电商的特征

跨境电商是依托互联网发展起来的，也是互联网与贸易结合的新产物。其特征主要如下：

1. 全球性

受益于互联网技术的发展，电子商务使贸易不再受到地理空间的限制。企业可以运用互联网的无边界性及开放性将本土的商品和服务推向全球，展开全方位、多层次、宽领域的跨境贸易。同时，通过网络媒介，消费者再也不必受国界的限制而对自己喜欢的商品望尘莫及或花费高昂成本远赴海外购买，只要轻轻点击鼠标进入互联网，消费者就可以轻松选购自己所需的产品。互联网将世界各国的买卖双方紧密联系在一起，让交易信息共享最大化。

2. 多边性

传统的贸易模式中主要涉及两个国家之间的双边贸易，而跨境电子商务使交易过程中的信息流、物流、资金流等由传统的双边模式逐渐向多边模式演进，以新型的网状结构替代传统双边贸易的线状结构。跨境电商可以通过甲国的交易平台、乙国的物流运输平台以及丙国的支付平台，实现其他国家间的直接贸易。

3. 无形性、无纸化

传统贸易从订购合同到买卖票据，通通是依靠书面完成，是有形的商品买卖交易。而电子商务贸易的飞速发展大幅促进了数字化产品和服务的进程。进行跨境电商的交易双方采取无纸化的方式进行贸易，取代了之前的一系列烦琐的纸面交易文件。买卖双方通过电子邮件和电子商务平台发送或接收买卖信息，不仅节约了资源，而且使信息传递和货物买卖的效率大幅提高。同时，跨境电商突破了以往实物交易的传统模式，网络数据、音像视频等数字化商品和服务也进一步丰富了商品交易的种类。

4. 隐蔽性

在网络的世界里，消费者可以根据需要隐蔽自己的真实身份和相关信息，网络全球化的发展让电子商务用户享有了前所未有的交易自由，但要想识别用户身份和所在地理位置也变得难上加难。用户享有的自由远远大于所需承担的责任，更有甚者利用网络的信息不对称性逃避责任。事实上，即使在美国这种电子跨境贸易相对成熟的发达国家，利用网络逃避责任的问题也很突出，尤其是在纳税环节。在跨境电子商务交易中，交易人的身份及地理位置等信息难以获取，相应地，税务机关就无法对纳税人的交易情况和应纳税额进行核实，给相关监管和税务部门的审计和核实环节造成很大的麻烦。

5. 时效性

传统交易模式下，信息的发送、接收与交流方式均受到地理位置和通信技术的限制，二者间存在着一定的时间差。而对于跨国贸易来说，及时性至关重要，一旦错过时机货币汇率就会发生变化，给交易带来巨大的损失。如今这种时间差带来的滞后性被电子商务完美解决了。电子商务打破时空和距离的束缚，将信息迅速地从一方传递到另一方，几乎在一方发送完成之后另一方同时就能收到信息，而某些数字化产品的交易更是可以即时完成。加之跨境电商去除了两国批发商、代理商以及零售商的中介环节，实现了直接由一国生产商通过跨境电商平台到达另一国消费者手中的直接交易，减少了烦琐的贸易手续，更具时效性。

第二节　跨境电商模式的分类及运营流程

一、跨境电商模式的分类

1. 以货物进出口方向划分

同传统贸易一样，跨境电子贸易也有进口与出口之分，目前中国的跨境电子商务主要以出口为主。

（1）出口跨境电子商务

出口跨境电子商务是国内生产厂商或企业通过跨境电商平台，将国内的产品卖给国际市场的买家，也是在互联网时代企业对外出口的一种新模式。

（2）进口跨境电子商务

顾名思义，进口跨境电子商务就是国内消费者或企业通过跨境电商平台购入海外商品，实现跨国商品和服务交易的过程。

2. 以交易模式划分

（1）B2B 平台

B2B 平台是电子商务的一种模式，是英文 Business-to-Business 的缩写，即商业对商业，或者说是企业间电子商务营销关系，即企业与企业之间通过互联网进行产品、服务及信息的交换。代表网站有阿里巴巴、世界工厂网和中国制造网。

其中，阿里巴巴是中国最大的 B2B 跨境电子商务网站，是目前中小企业首选的创业 B2B 平台，其用户基本都是“诚信通”用户，但因缺乏专业的运营能力，其业务推广很难取得成效。

世界工厂网作为一个老牌的 B2B 电子商务网站，其经营模式与阿里巴巴有所不同，该网站用户以免费会员为主，网站依靠广告收入盈利。但联盟广告的过多投入，也造成了用户体验的下降。值得关注的是，世界工厂网拥有一批高素质的网络电商人才队伍，日后发展同样不可限量。

中国制造网发展迅速，网站风格以干净明了、简单实用为导向，受到用户广泛好评。目前，该网站位列中国 B2B 网站的第三位，未来有进一步壮大的可能。

（2）B2C 平台

B2C，是英文 Business-to-Customer 的缩写，是我国创建最早的电子商务模式。该模式下，零售商通过互联网，直接在线向消费者销售产品和服务。B2C 的核心在于零售商将为消费者搭建一个新型的购物环境，即网上商店以及一整套的网上交易系统。代表网站主要有：天猫、京东和当当等。

（3）C2C 平台

C2C，是英文 Consumer to Consumer 的缩写，即个人与个人的电子商务活动。C2C 网站作为信息发布平台为买卖双方交易的达成提供服务。代表网站有：淘宝网、闲鱼以及一些二手商品的交易网站。

3. 以服务类型划分

（1）信息服务平台

信息服务平台，顾名思义就是以提供信息服务为主导的网络营销平台，可以为境内外会员商户提供有用的商业信息，为双方促成交易提供从原料采购到商品供应等一系列的服务。代表企业主要包括阿里巴巴国际站、中国制造网和环球资源网等。

（2）在线交易平台

在线交易平台不仅能提供多种信息服务的展示，还能够利用互联网的在线平台完成搜索、咨询、对比、下单、支付、物流、评价等一系列功能，最终形成一个系统的全球物联网购物平台。由于在线交易平台的模式功能全面，更能满足广大用户的要求，目前在线交易平台模式已经发展成为跨境电商的主流模式。代表企业有：敦煌网、米兰网、大龙网等国内外网站。

4. 以平台运营方式划分

（1）自营型平台

自营型平台的运营方式是平台型电商通过自主构建线上网络交易平台来整合供应商资源，通过较低的进价采购商品，然后以比较高的售价出售商品，以获得买卖之间的差价实现盈利的一种跨境电商模式。代表企业主要有：兰亭集势、米兰网、大龙网、Focal Price 等。

（2）第三方开放平台

平台型电商通过互联网构建一个网络商城，作为第三方整合物流、支付、运营等服务资源，吸引商家入驻，从而为广大商家提供跨境电商交易流程中的一系列服务。同时，第三方开放平台以类似于现实生活中出租方的身份，以收取商家佣金以及增值服务佣金作为主要获利方式。代表企业主要有：敦煌网、阿里巴巴国际站、环球资源网等。

二、跨境电商运营的基本流程

跨境电商作为一种全新的国际商业活动模式，它的出现极大地缩短了跨境贸易的交易链，带来了交易成本的大幅降低和交易效率的显著提升。基于电子商务平台的跨境交易，企业将有机会与个体批发商、零售商直接构建联系，进而省去渠道批发商、进口商、分销商等中间环节的成本，实现企业和消费者的双赢。对于跨境电商出口贸易与进口贸易来说，它们的流程虽然是相反的，但是基本内容却是相同的。

第三节　跨境电商的理论支撑

一、H–O 模型

尽管目前跨境电商没有现成的成熟理论支撑，但跨境电商归根到底就是打破贸易壁垒，促进各国间生产要素的流通。其中，最具代表性的是赫克歇尔—俄林（H–O）模型。

每个国家拥有不同的生产要素，而生产不同的商品需要投入的要素比例也各不相同。如果一个国家出口那些能密集利用其充裕生产要素的商品并加入国际贸易的流程中，根据不同需求去进口那些需要密集使用其稀缺生产要素的商品，那么将实现贸易国家之间生产要素的高效流通，优化全球资源的配置。这也是 H–O 模型的核心思想。假设两个国家（劳动力充裕的 A 国和资本充裕的 B 国）、两种产品（*X* 商品和 *Y* 商品）和两种生产要素（劳动力和资本），曲线Ⅰ、Ⅱ是社会无差异曲线，图中曲线 PPF_A、PPF_B 分别是国家 A、B 的生产可能性边界（图 1–1）。

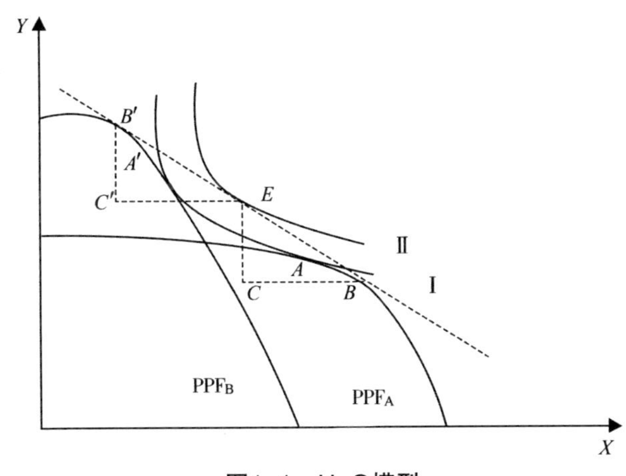

图1–1　H–O模型

在国际贸易前，*A*、*A′* 表示 X 和 Y 商品的数量组合分别是国家 A、B 的 *X* 和 *Y* 商品的生产量和消费量，*A*、*A′* 分别是国家 A、B 的生产点和消费点。当 A、B 两国进行国际贸易时，由于 A 生产 *X* 相对较多，B 生产 *Y* 相对较多，根据要素禀赋理论，国家 A 出口 X 进口 Y，随着 X 生产增加，Y 生产减少，国家 A 的生产点沿 PPF_A 从 A 向 X 轴方向移动；同理，国家 B 的生产点沿 PPF_B 从 A' 向 Y 轴方向移动。当两国 X 商品相对价格 $P_A=P_B$ 时，生产点的移动就停止。这时 B、B' 分别为国家 A、B 国际贸易后的生产点。这时，这条斜率为 P_B 的直线与社会无差异曲线Ⅱ相切的 E 点所表示的 X、Y 商品数量为国家 A、B 的消费量，E 点为两国消费点。由此可以看出，国家 A、B 通过国际贸易提高了本国消费水平，获得来自国际贸易的利益。

因此，以跨境电商作为各国服务和商品的交换平台，不仅可以充分利用各国要素优势大幅提高经济发展效率，与此同时，我国产品也可以满足其他国家消费者的需求，为解决我国产能过剩、加快经济转型做出贡献。

二、交易成本理论

根据交易成本理论，人类的商业交换活动总是伴随着交易成本的发生，无论是企业还是国家之间的贸易流通，无外乎是为了获取利润，因此也必定会产生一定的贸易成本。贸易成本的高低在一定程度上会决定贸易本身的价值、贸易成功率、利润的高低，进而决定贸易方的竞争力。

高额的信息费用支出是传统对外贸易难以逾越的障碍，频繁的信息筛选分析也势必会造成过多的成本累积。也许相对于一些高利润的贸易能承受高额成本，但大部分贸易方都难以接受传统贸易的成本压力。而相较于传统对外贸易，在贸易搜寻、信息交换、贸易商讨、产品采购及库存、人力物力资源等环节，基于互联网基础的电子商务都具备明显的优势。目前，网络信息技术已经全面覆盖我国各个企业的管理和运营中，电子商务无纸化的特点节省了企业交易过程中的材料及邮寄成本。此外，跨境电商的全球性和即时性也消除了国际贸易中的时间及地域限制。

在大数据日益崛起的今天，跨境电子商务可以避免诸多不必要费用的产生，贸易者完全可以基于网络获取所需信息，传递产品信息以及商讨贸易细节。即使贸易协商受阻，产生的成本支出也远低于传统对外贸易。且不提网络信息技术对企业管理、人员物资分配、产品信息管理等内部管理的影响，单从贸易协商方面来看，不受地域限制并降低时间成本的电子商务也必然在成本节约上更具优势。

三、技术创新理论

技术创新理论认为，技术的创新将使要素和生产条件间产生一种全新的结合方式，进而构建一种新的生产函数。从跨境电商的角度来看，就是把电子商务作为一项新的创新技术加入生产函数中，实现生产电子商务与国际贸易的重新结合；或者可以将“网络＋贸易”这一新型的跨境电商贸易模式看作一种新的技术创新，它能够实现各国之间的生产要素流通，减少企业生产及运营成本，极大程度地提高外贸企业的经济效益，促进外贸企业结构的优化升级，最终带动我国相关产业及国民经济的增长。如图 1–2 所示，电子商务作为一项新的技术加入生产函数中，供给曲线 S_1 向右平移至 S_2，新技术的创新增加了商品的产量，降低了均衡价格。

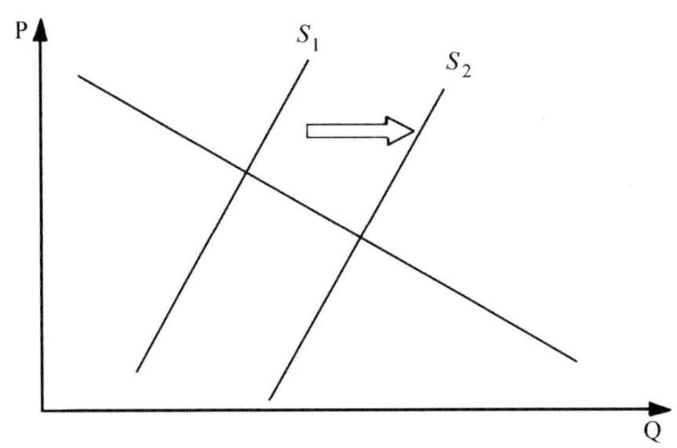

图1–2　创新技术对供给曲线的改变

随着国际贸易在电子商务中的蓬勃发展，跨境电商无论是从距离限制、时间成本还是货物存贮运输方面都掀起了贸易手段突破性的改革。首先，得益于网络的无边界限制，电子商务可谓如鱼得水，完全消除了距离限制，地域对贸易者不再是麻烦；其次，网络技术不断精进，信息在转瞬间便完成传递，贸易时间被缩至极短；再次，直接将商品信息上传至网络进行管理，抑或是交由贸易者审核，在一定程度上也方便了货物管理与信息交换。新的技术自然也伴随风险，但是不可忽视电子商务带来的各项便捷，权衡之下，这无疑是一种全新并且优势众多的贸易手段创新。

四、集聚效应论

如同著名经济学家韦伯在集聚效应理论中所描述，各种产业和经济活动在空间上产生的经济效应，能够吸引经济活动的集聚并促进劳动力组织的专业化。以美国硅谷为代表，已形成了多个高新技术的产业集群。同理，跨境电商的发展对促进外贸企业经营模式的改变，技术与信息、物流、信息、仓储等产业链的优化与升级产生了很大的作用。

在电子商务逐步发展的这些年里，相关技术、运营模式、生产模式和信息资源配比都在改善，合作贸易的理念已经深得各企业和商家的认可。为了长远发展，贸易者之间建立了紧密的联系，电子贸易环境也在竞争与合作并存中趋于完善。在新贸易模式的推动下，老牌企业相继需求突破，开拓新商机；新企业不断诞生，给贸易圈注入新血液。对企业而言，电子商务又对调整资源配置、企业结构、发展方向等方面有积极作用。电子商务下的信息互通、技术互补，资金链紧密相连，使贸易环境良性发展。而网购等电子贸易相关产业的发展，让消费者有了更多购买途径，相对地也让商家提高了经济效益。同时跨境电子商务既开拓了贸易方式，又间接提供了就业岗位，并相继出现了一批新农人、创客、厂二代、创二代等新型创业模式，进一步改善了我国贸易结构，便捷了贸易信息间的交互。总而言之，跨境电子商务的兴起将各个相关产业链紧密联系起来，使产业内部及贸易企业之间的经济联系更加密切。

第二章　跨境电商与经济高质量发展

第一节　中国跨境电商的发展现状及瓶颈

一、中国跨境电商的产生与发展

（一）中国跨境电商的产生背景

2008 年的次贷危机波及全球，我国的经济也遭受重创，人民币汇率在多年被低估之后连续升值的压力以及我国劳动力成本的持续上升，使我国传统外贸行业遭受巨大打击。金融危机下的全球经济低迷使国际市场需求紧缩，我国很多外贸企业尤其是缺乏竞争力的中小外贸企业纷纷倒闭，我国进出口贸易的增速明显下降。

从增长率来看，2007—2008 年，我国进出口总额增长率呈现平稳态势，平均维持在 15% 左右，受 2008 年全球金融危机的影响，2009 年我国进出口总额减少，增长率为负数；2010—2015 年，我国进出口总额增长率不断下降，而在 2015—2020 年增长率有所提高。在我国进出口贸易增长进入平缓期这一背景下，随着互联网技术和信息技术的不断发展，跨境电子商务因其低门槛、低成本、中间环节少、便捷性强及利润率高等特点，成为当前发展潜力巨大的新型贸易方式。

（二）我国跨境电子商务发展的演进历程与特征

1. 我国跨境电商发展的演进历程

伴随我国互联网和电子商务的飞速发展，我国跨境电商也经历了从出现到爆发，再到日益成熟的一个发展历程。我国跨境电商从开始出现发展至今，其发展历程大概分为四个阶段：第一阶段是起步期，从 1999 年阿里巴巴成立国际站开始，到 2004 年为止，是跨境电商的 1.0 时代。这一阶段的跨境电商处于起步阶段，主要以线上展示商品、线下进行交易为主，第三方平台为企业提供产品网上详细展示的平台。第二阶段是成长期，即跨境电商的 2.0 时代，从 2004 年敦煌网的成立持续到 2013 年。这一时期的跨境电商已经逐步实现了线下交易、支付、物流等全流程的电子化，主要以 B2B 平台模式为主。第三阶段是发展期，从 2013 年跨境电商增速达到 50% 开始，我国跨境电商发展正式进入 3.0 时代，实现了全产业链在线化，平台承载力显著增强，B2C 平台占比逐步提升，一直持续至 2018 年。第四阶段是成熟期，从 2018 年至今，大型跨境电商开始展开精细化运营，全面整合供应链，将供应链的各环节进行融合，不断出现新零售、直播营销等创新模式，跨境电商正式进入 4.0 时代。

2. 我国跨境电商发展的主要特征

（1）交易规模持续扩张

受益于国家对跨境电商的持续政策鼓励和国内强大的供应链体系，我国跨境电商市场交易规模持续扩张，已经成为推动我国经济高质量发展的重要力量。从 2015 年起，国务院连续分五个批次批准设立了 105 个跨境电商综合试验区，通过一系列优惠政策全力支持试点城市区域的跨境电商发展。近年来，在国际贸易形势严峻、贸易保护主义抬头、新冠肺炎疫情严重冲击的情况下，我国跨境电商产业发展持续向好。从图 2-1 中可以看出，2005 年我国跨境电商交易额仅为 4300 亿元，2020 年增长至 12.5 万亿元，增长接近 29 倍，年均增长率 26%。统计数据显示，2020 年我国跨境电商交易总额占进出口的比重达到 38.86%，相比 2019 年提升 5.57 个百分点，传统对外贸易向线上转移的趋势明显。随着双循环新发展格局的加快形成，以及国家政策的持续利好和自贸区的发展，我国跨境电商的市场交易规模和占进出口贸易的比重还会继续保持稳步增长态势，未来发展空间巨大，有利于带动相关行业的创新发展。

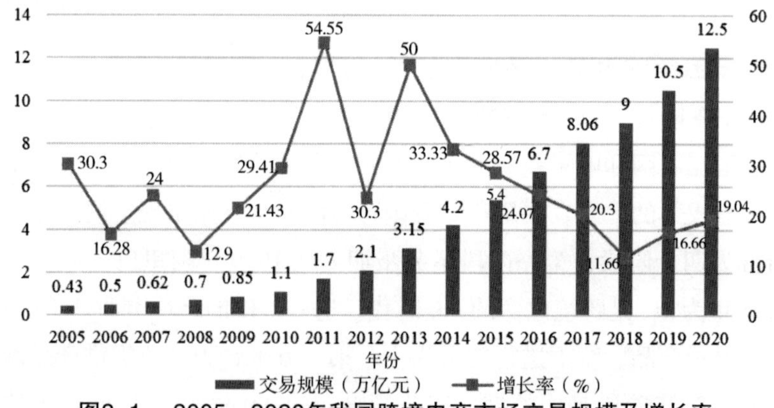

图2-1　2005—2020年我国跨境电商市场交易规模及增长率

（数据来源：中国电子商务研究中心）

（2）出口跨境电商占据主导地位

统计数据显示，在我国跨境电商的进出口市场分布中，出口跨境电商所占的市场份额一直处于主导地位，进口电商的市场份额相对较少，但也在不断增加。图 2-2 显示了 2010—2020 年中国跨境电商进出口的市场格局，可以看出跨境电商中出口占比一直在 70% 以上，但出口跨境电商所占的比例在近十年来几乎一直处于下降趋势，从 2010 年的 94% 下降到 2019 年的 76.5%，下降了 17.5 个百分点。2020 年受新冠肺炎疫情的影响，线下消费受阻，进一步刺激了全球网上消费的扩张，同时我国加大了跨境电商平台的政策扶持力度，大力支持跨境产品出口，使出口跨境电商的市场比重出现了小幅回升。海外市场的巨大需求和出口跨境电商企业自身的发展，将吸引更多线下企业将交易转向线上，促进我国出口跨境电商的发展。进口电子商务方面，我国进口跨境电商的市场规模一直较弱，但随着居民消费的升级和国家政策的扶持，进口跨境电子商务也实现了快速增长，从 2010 年的 6% 增长到 2020 年的 22.4%。未来，跨境电商行业的发展趋势将逐渐由出口转向进口，对国内市场进行补充，实现进出口的平衡发展。

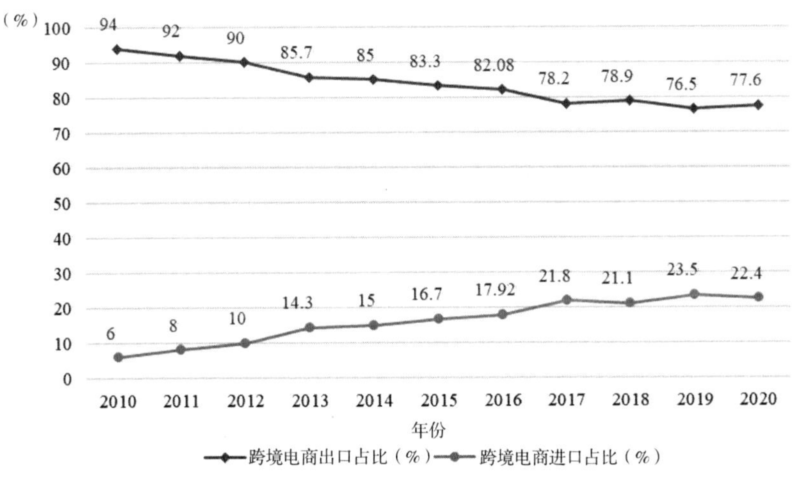

图2-2 2010—2020年我国跨境电商进出口规模比例

（数据来源：中国电子商务研究中心）

（3）以 B2B 跨境电商模式为主

跨境电商要分为 B2B 和 B2C 两种交易模式，且主要以 B2B 的交易模式为主。根据图 2-3 所示，2011 年我国跨境电商 B2B 的交易模式占比高达 97.5%，而 B2C 仅占 2.5%。其后，跨境电商中 B2C 交易模式的占比逐年上升，到 2020 年占比达到 20%，B2B 占比降至 80%，B2B 与 B2C 的比例接近 4∶1，发展差距逐渐缩小。从中可以看出，在我国跨境电商的交易模式中，跨境电商 B2B 模式仍然占据绝对优势地位。但 B2C 的比重在逐年上升，B2B 与 B2C 交易模式的市场份额比例差距在逐渐减小。这主要是由于跨境 B2B 模式是企业与企业之间进行的直接交易，能够降低采购成本、减少周转时间和库存，因此成为许多外贸企业的首选模式。但随着很多客户开始尝试个性化产品、跨境物流的建设、高新技术的应用，跨境 B2C 模式也得到了越来越大的发展。生产厂商直接对接客户，增加了信息透明度，企业直接面向客户的直销模式更加便捷高效。特别是近几年，我国加强了跨境电商零售出口税收和进口方面的监管，加大了对跨境电商 B2C 交易模式的投入力度，使每年跨境电商 B2C 的市场份额每年增加 2 ~ 3 个百分点，增长趋势比较明显。

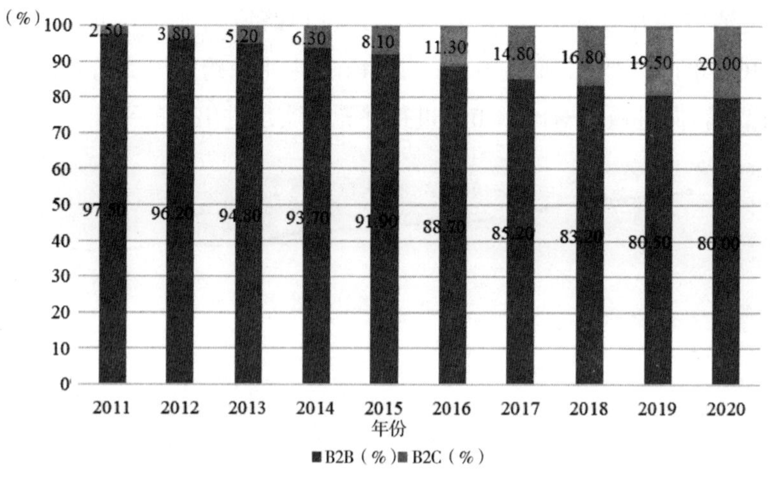

图2-3　2011—2020年中国跨境电商的交易模式占比

（数据来源：中国电子商务研究中心）

3. 发展现状

虽然我国跨境电子商务起步相对较晚，但是在 2008 年发生全球金融危机之后，以往对外贸易的“集装箱”式大额交易逐步被数额小、次数多、速度快的订单所取代，跨境电子商务发展迅速，其发展规模和取得的成就举世瞩目。

与我国传统外贸发展速度明显放缓形成鲜明对比的是我国跨境电子商务在规模上保持高速增长水平。2008 年，我国跨境电商交易规模为 0.8 万亿元，2010 年突破万亿大关，达 1.3 万亿元。2011 年，我国跨境电子商务总的交易金额达到 1.8 万亿元，同比增长 38.46%。2020 年，跨境电商交易规模进一步增长，达到 9.7

万亿元。增长率方面，我国跨境电商交易规模在2008—2020年均保持高速增长，平均增长率达30%以上，虽然有的年份呈现下降趋势，但跨境电商交易规模增长率都高于同期我国进出口总额增长率。

随着我国跨境电商交易规模的增长，其在我国对外贸易交易额中的占比也不断增加，跨境电子商务在对外贸易中的地位越来越重要。2008年，我国跨境电商交易总金额占进出口总额的比重为4.44%，2014年占比达15.15%，增长近2.5倍。2008—2020年，我国进出口交易规模和跨境电商交易规模不断增长，且跨境电商交易规模占进出口交易金额的比重也在不断增加。

二、中国跨境电商的现状分析

（一）政治层面

1. 政策的支持

近年来，随着电子商务的发展，跨境电商作为对外贸易的新模式发展势头迅猛，为中国外贸经济带来了新气象。为了鼓励我国跨境电子商务的发展，加快贸易方式的改变，政府在最近几年陆续出台了一系列利好政策来支持跨境电商的发展。这些利好政策的出台与实施，为跨境电商的发展完善了法律环境。我国已经迎来了跨境电商高速发展的好时机。

2. 国内自贸区的平台优势

自从2013年9月上海自贸区正式挂牌，到2015年3月粤津闽自贸区方案的通过，目前我国已经成立广东、天津、福建、上海四大自贸区。四大自贸区的成立为我国跨境电商的发展提供了前所未有的平台。

自贸区的好处在于顾客可以买到物美价廉的商品。伴随着自贸区的发展，进口商品的销售成本可能会逐步降低，进口商品价格也会下跌。自贸区的发展为消费者购买商品提供了更多的选择。

另外，自贸区未来可以直接“海淘”，对于爱网购的人来说，自贸区在广东落户，意味着普通市民在国内的电子商务网站上就能“海淘”世界各地的商品。更重要的是，这些商品还有望以国内的物流速度和价格送到消费者手中。同时，自贸区内也将加快跨境电子商务服务功能的建设，并不断完善和建立与其相适应的海关、检疫、退税、支付、物流等支撑系统。

3. 跨境电商试点城市的开展

目前，我国在天津、上海、重庆、合肥、郑州、广州、成都、大连、宁波、青岛、深圳、苏州这12个城市设立了新的一批跨境电子商务综合试验区，打算通过新的方式来支持跨境电商的发展。

2020年，我国跨境电商的交易总量超过1.69万亿元，并占外贸进出口规模的比例达38.86%，未来跨境电商在对外贸易中的地位将越来越重。

由于近几年跨境电商的迅速发展，跨境电商试点城市成为了申报的热点，试点城市的设立为跨境电商的发展提供了有力的发展环境。目前来看，跨境电商对于外贸企业来说是一种新型的贸易方式，有助于传统外贸企业转型升级，提高企业的核心竞争力。

（二）经济层面

1. 人民币“入篮”SDR

2015年11月30日，人民币加入特别提款权（SDR），成为继美元、欧元、英镑、日元之后加入SDR的第五种货币，人民币加入SDR后，人民币在国际贸易结算体系的地位得到了很大的提升。结算地位的提升将促进中国跨境电商的发展。

加入SDR后，人民币成为真正意义上的世界货币。人民币汇率得到支撑，有利于企业的跨境投资和交易，这些也将促进跨境电商的进一步发展。以往与国外进行贸易清算的时候要以美元来进行结算，现在可以直接以人民币进行结算，免去了货币汇兑的麻烦，避免了汇率波动的风险，同时不以美元为中介结算也可以大幅提高效率。

2. 国际经济联系日趋紧密

目前随着全球经济一体化进程的日益加深，世界各国经济日趋融合为一个不可分割的整体。此外，中国“一带一路”倡议也表明其促进自由贸易以及中国要素流动转型的构想。而跨境电商目前迅猛发展，已经成为中国对外贸易的新动力。利用跨境电商平台不仅可以减少对外贸易的交易环节，大幅降低外贸交易过程中的成本，提高商品竞争力，同时也可以解决中国产能过剩的问题。通过跨境电商，中国更多的企业可以走出国门，获得世界市场的认可，促进企业在新的贸易模式中加快转型升级，为中国企业的发展提供新机遇。

3. 跨境电商投融资环境分析

虽然中国经济面临增长下行的持续压力，但是近年来中国电子商务行业一直是资本市场投资的热点领域，2010年1月1日—2020年9月30日，电商行业总共发生567笔融资。从跨境电商来看，多家融资跨境电商如阿里巴巴、敦煌网、兰亭集势等均获得了不同程度的投资金额。

研究发现，获得大额度投资的企业均是大型企业，可以预测未来跨境电商不再是草根经济。以大平台（敦煌、兰亭、大龙等）和大型企业（阿里、京东、顺丰、外运发展等）为主，战役决战级别的竞争开始展开。跨境电商竞争档次空前提高，也进一步压缩小微企业的发展空间。

（三）社会层面

1. 用户规模交易量迅猛增长

据网经社电子商务中心与网经社跨境电商平台共同发布《2020 年度中国跨境电商市场数据报告》(以下简称《报告》), 该《报告》显示，2020 年中国进口跨境电商市场规模为 2.8 万亿元，较 2019 年的 2.47 万亿元同比增长 13.36%(含 B2B、B2C、C2C 和 O2O 等模式)。2020 年中国进口跨境电商用户规模 1.4 亿人，较 2019 年的 1.25 亿人同比增长 11.99%。

2. 消费需求和消费观念升级

随着互联网技术的普及，教育水平的提高，电子商务耳熟能详，网购已被大多数人接受，观念障碍基本消失。随着消费能力的增强，本土的商品已经无法满足人们的需求。而消费者可以通过网络获取世界各国商品的信息，满足消费者多元化的需求。同时，信息技术的发展和观念的改变也将不断推动跨境电商规模的扩大，如今越来越多的消费者都会选择在网上进行购物，大家觉得现在网上购物是必不可少且很寻常的一件事情。因此，消费观念的转变也是推动跨境电商发展的动力之一。

3. 海外商品认知提升

改革开放四十多年，随着中国开放程度的进一步深化，越来越多的外国品牌进入了寻常百姓家，渐渐地我们对外国商品的品牌文化有了更广泛和更深度的了解，对海外商品认知度的提升也将加大对海外商品的需求市场。因此，立足于各国消费者市场，将供给端与需求端高效对接，也正是跨境电商发展的基础。

（四）技术层面

1. 互联网和移动通信的迅猛发展

互联网的普及和移动设备功能的完善让网上购物更加便捷，网购人群越来越多。据统计，截至 2020 年底，我国已经有 55.7% 的互联网用户进行网络购物，数量庞大的互联网用户也为我国电子商务的发展提供了强大的客户基础。而企业也可以利用这一优势通过互联网数据收集这些网购人群的交易信息及消费偏好，以对企业跨境电商的经营和发展提供行之有效的数据支撑。

根据 CNNIC 报告显示，在 2020 年，年龄段在 20 ~ 29 岁的网购人群与去年同期相比增加了 23.7%，另外 10 ~ 20 岁与 50 岁及以上的网购人群也分别增长了 10.4% 和 33.2%，这说明网络购物群体正逐步走向全民化。

2. 各国日趋完善的电子商务基础设施建设

现如今 5G 网络已经逐渐普及到大众之中，大众使用移动端上网的速度大幅提高，这就为我们使用移动端 APP 平台进行跨境电商交易提供了硬件基础。移动终端的不断普及，给用户带来更便捷的购物体验，跨境交易可以随时随地地完成。电子商务基础设施的完善也使跨境电商的市场在原有基础上进一步扩大。

三、中国跨境电商面临的瓶颈

（一）跨境电子商务法律体系不健全

近年来，随着跨境电子商务的不断发展，伴随而来的法律问题也在不断突出，我国原有的国际贸易法律体系已经不能适应国际电子商务发展的需要，而我国相关法律制度的制定速度又远远滞后于跨境电商产业的发展。所以，目前一个迫切需要解决的问题是制定一系列相应的有关于跨境电子商务的法律，以解决跨境电子商务活动中所可能发生的各种制度问题和法律纠纷。

海关总署在 2014 年 7 月颁布了《关于跨境贸易电子商务进出境货物、物品有关监管事宜的公告》（以下简称《公告》)，《公告》明确了跨境电子商务的合法地位，并且界定了跨境电子商务的范围与海关职责范围，《公告》的出台意味着跨境电子商务将从试点走向推广。商品质量的监督和维权问题是跨境电子商务法律中的重点问题。国家质检总局对几大电商平台的商品进行的多次抽样调查显示，商品质量的不合格率达到了 26%，质量问题令人堪忧。同样地，如果这种质量问题出现在跨境交易中，由于受到地域距离、法律规则等多方面条件的限制，消费者维权的难度会更大。

法律问题的另一个突出问题是产权问题。在国际贸易中，各个国家之间知识产权、商品质量体系、标准体系、法律环境体系各不相同，这也是造成跨境电子商务交易中商品质量和知识产权问题没有一个统一界定的原因。如何规范和监督跨境交易中产品的质量；如何协调各方面因素统一界定跨境电商产品的产权，这一系列的问题都在不同程度上制约着我国跨境电商的发展，成为阻碍我国跨境电商发展的瓶颈。

（二）在线支付和结汇问题

结汇是指外汇通过指定的银行将外汇的收入兑换成同等价值本币的行为。以中国跨境电商出口为例，国外买家是通过美元或者其他外汇来支付货款的，中国卖家不能直接收取美元或者其他外汇，而需要将美元或者其他外汇兑换成人民币，在这个过程中就涉及结汇的环节。而以往跨境电商缺少正规的报关途径，跨境电商卖家通过正常渠道进行结汇的可能性很小。

在国家进行跨境电商创新试点前，只有四种结汇方式可供卖家选择：第一种，使用境内的个人账户直接收取美元或其他外汇，然后通过个人身份证进行结汇，但是这种方法受到结汇数额的限制；第二种，通过香港汇丰银行的公司户提款卡进行取现；第三种，在境外设立离岸公司，通过离岸公司给境内公司支付的方式进行结汇；第四种，通过“黑市”进行结汇。个人身份证结汇受我国外汇政策的影响，每人每年只能结汇 5 万美元，这显然已经不能满足我国跨境电商发展的需求。在这种情况下就催生了“黑市交易”，由于“黑市交易”具有汇率高、结汇快等特点，很快成为了中大型跨境电商结汇的主要方式。但是“黑市交易”存在重大的安全隐患，属于国家的灰色地带，容易被工商部门查处，结汇风险极大，所以规范化的政策和管理的缺失严重禁锢了中国跨境电商的发展。因此，我国需要建立一套与跨境电商发展相互适应的结汇体系，从而保证跨境电子商务发展的需求和资金安全。

跨境电商支付环节的另一个发展瓶颈是电子支付问题。随着跨境电子商务交易额的快速增长，与之联系的支付业务的市场也蓬勃发展，怎样令消费者满意并且受到广大消费者的认同是第三方支付平台成功的关键所在。据统计，在跨国交易中超过 90% 的卖家和超过 85% 的买家使用 PayPal 电子支付业务。中国本土的第三方支付平台如何进入国际市场，并与国外的支付平台竞争市场，直接关系到我国跨境电子商务的发展进程；如何让更多的国外消费者选择使用国内的第三方支付工具并得到顾客忠诚，是近年来跨境支付发展的难题；如何用好第三方支付这一块“敲门砖”打开国际市场，是近年来跨境电商发展面临的重要挑战。

（三）物流是制约外贸发展的重要短板

对于跨境电商的物流需要跨越国界在全世界范围内自由地流通，因此与物流相关的海关清关效率、各国贸易是否存在壁垒等问题也渐渐成为跨境电子商务发展的焦点。各国的国情、政治、经济、文化等因素并不相同，货物通过不同国家海关的过程中可能需要经过多层的申报手续并由此产生许多费用，烦琐的通关过程同时延长了物流的运送时间，因此物流问题严重制约了跨境电商的发展。

我国的跨境物流服务才刚刚兴起，尚处于基础阶段，存在运输成本高、配送周期长、实时追踪难以保障等缺点。而相对快速便捷的国际快递，又存在着高额的运送费用，跨境电商的价格优势在高额运费下被极大地削弱了。邮政包裹的价格较低，但又存在运送时间过长的问题。除此之外，我国现有物流体系的可靠性也存在问题，货物积压、物流延迟的问题屡见不鲜，这些都阻碍了跨境电商的发展。

海外仓是一个新的跨境物流模式，海外仓模式是指在销售目的国建设储存仓库，商品先运到海外仓库进行存储，然后根据订单将货物在仓库进行分拣、包装，最后统一进行配送，这相对于传统的国际物流更加便捷高效。但海外仓的建设需要前期投入大量的资金，并且需要配置相应的信息化管理平台，需要相应的IT技术来合理地调配货物，技术门槛比较高，对于跨境电商来说具有一定的挑战性。

（四）缺乏与之相适应的国际营销

近年来，信息技术的发展催生了网络营销这一新兴营销模式，网络营销利用互联网让买卖双方高效互动，是一种建立在互联网基础上的营销新型模式。网络营销通过互联网来发布自己的产品信息，利用网络了解消费者市场并最终达到促进销售的目的。网络营销策略的核心是产品、价格、渠道、促销四个方面，其中，在促销策略中比较常见的有网络广告营销、搜索引擎营销、EDM营销、SNS营销等。

目前，我国的跨境电商刚刚起步，在营销方面经验不足，从而在营销过程中出现了很多问题。一是缺乏对目标客户群体有关数据的掌控。由于受地域距离的限制，跨境电子商务的客户积累较少，跨境电商自身很难获取目标客户群体的个人信息数据。而如果跨境电商从外部信息渠道购买用户信息，其真实性又很难保证，很难“对症下药”，从而致使营销效果差强人意。二是由于海外每个国家的风俗习惯、政治、文化环境不同，跨境电商对于各国之间环境差异缺乏必要的了解就开始盲目地营销，使营销效果大打折扣。不同国家对于不同营销方式的认可程度不尽相同，如何具体问题具体分析，从而制定行之有效的具有针对性的营销策略，是近年来跨境电商发展中的一个难点。三是营销中的语言障碍。熟悉当地消费者的语言环境是制定有针对性的营销战略的一个重要前提，跨境电商的发展，要求营销人员要熟练应用多种语言进行营销并回应客户的咨询，这不仅考验着跨境电商企业的营销能力，同时考验着商家的资金实力。

（五）跨境电子商务相关人才的缺乏

跨境电商相比国内电商，其物流、支付体系更加复杂，而这些问题往往会给中小外贸企业发展跨境电商带来诸多风险。中小外贸企业由于受自身规模、资金实力、管理水平等条件的限制，很难引进高技术的电商人才，高级电商人才的匮乏成了跨境电商发展的瓶颈。跨境电商在人才的引进方面亟须进一步加强。

随着跨境电子商务的发展，跨境电商的整个产业链上需要各种各样的人才，这些人才涵盖国际贸易、外语、物流管理、金融等专业。而既具有专业知识技能又拥有创新思维的复合型人才在我国相对稀缺。跨境电子商务所需要的人才，首先，要熟悉产品的国际市场，同时要具备使用外语进行良好沟通的能力，而小语种地区发展跨境电子商务的潜力较大，小语种的相关人才也较为稀缺。其次，跨境电子商务要求从业人员较全面地了解当地消费者的生活方式、消费习惯，并且需要具备国际贸易、跨境物流的常识和各国相关的法律政策。跨境电商在中国作为一门新兴产业，人才培养的体系尚未建立，有经验的跨境电商人才十分稀缺，人才供需不平衡。随着跨境电子商务的高速增长，未来跨境电商的人才缺口将会越来越大，这将成为阻碍我国跨境电商发展的重要因素。

第二节 跨境电商与经济高质量发展

一、“双循环”格局下跨境电商驱动经济高质量发展的动力机制

党的十九大报告指出，我国经济已由高速增长阶段转向高质量发展阶段，推动经济高质量发展是当前和今后我国经济的重点工作之一。从狭义来看，经济高质量发展是指经济体或企业在投入上利用科学技术来配置资源要素，实现资源要素配置从粗放型向集约型转变，提高要素的资源配置效率；在产出上，利用技术创新和管理创新来提高产品的质量，提升产出效益。从广义来看，经济高质量发展不仅包含经济范畴，还包含社会、政治、文化、生态等多个方面。本书所研究

的经济高质量发展主要从狭义出发，探究跨境电商的经济影响。

首先，跨境电商作为对外贸易的新形式，与传统对外贸易相比，大幅简化了传统贸易中间流通的分销环节，实现了国内上游生产商与海外消费者的直接联系，缩短了贸易链条，有效提高了资源要素配置效率。其次，跨境电商作为衔接国内与国际贸易的桥梁，不仅可以加快中国企业“走出去”的步伐，为外循环增添新动能，也可以促进内循环的良好运行与升级，持续推动经济高质量发展。如图 2–4 所示，本书主要从激发国内市场消费潜力、优化资源要素配置、倒逼传统产业转型升级和扩大国际合作与交流四个维度对“双循环”格局下跨境电商驱动经济高质量发展的动力机制进行解析。

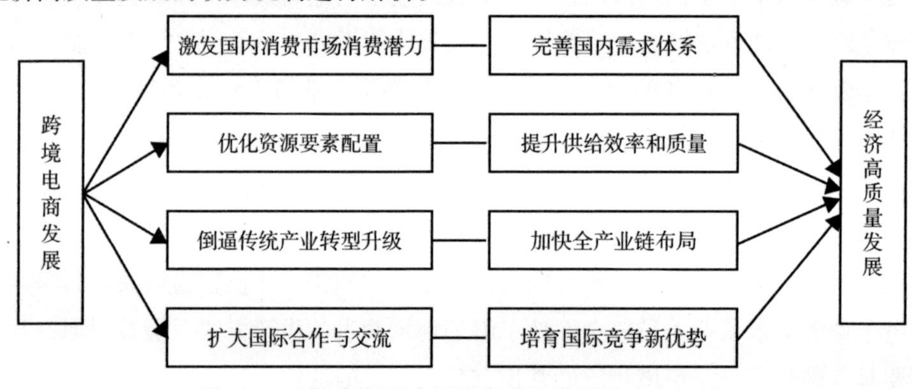

图2–4　跨境电商驱动经济高质量发展的动力机制

（一）激发国内消费市场潜力，完善国内需求体系

中国是一个拥有 14 亿人口的巨大消费市场，随着人均收入水平的提升，消费规模扩张和消费升级的态势将会愈发明显。多年来，中国的平均消费率都在 50% 以上。2020 年，尽管受到疫情的不利影响，但最终消费支出占 GDP 的比重仍然达到 54.3%。跨境电商作为一种新的商业模式和贸易的新方式，可以让国内消费者以较低的成本，在更加便利的渠道获取国外商品的信息，满足国内消费者的跨境购物需求，进一步激发国内消费市场的潜力。首先，跨境电商改变了消费者的传统消费观念，引导消费者从被动接受向主动消费转变，可以满足更加多样化和个性化的消费需求，进一步提升和扩大了消费需求，赋予国内市场更加强大的生命力。其次，跨境电商通过与新技术、新业态融合发展，改变了传统的市场体系，通过推广新的消费模式，为消费者提供更加多样化的新产品，从供给和需求两个方面不断优化需求结构，完善国内需求体系。

（二）优化资源要素配置，提升供给效率和质量

我国经济发展已由高速增长转向高质量发展阶段。但受制于近年来我国供给侧的要素成本上升，要素生产率呈下降趋势，导致部分中低端制造业向要素成本更低的发展中国家迁移。另外，由于我国供给端创新性不足，很多关键设备、核心技术等长期受制于人，特别是最近几年以美国为首的发达国家对中国高新技术产品进口实施严格的管制措施，导致中国的高新技术产业发展举步维艰。因此，为突破当前这种核心技术受制于人的问题，关键在于实施供给侧结构性改革，提高供给体系质量。跨境电子商务有利于促进多边资源优化配置，是推动外贸高质量发展的重要方式，对优化供给侧结构也具有显著的促进作用。首先，跨境电商增加国内生产者进入国际市场的机会，减少国内生产者因贸易成本和信息不对称产生的风险。特别是对中小企业来说，跨境电商提供了较低的贸易门槛，使更多的供应实体能够参与到更广泛的国际市场中。其次，跨境电商有助于供应方与市场需求的匹配度更加紧密。跨境电商可以整合并利用不同的生产要素，直接或间接地通过中介向需求方进行产品销售，使供给与市场需求进行精确匹配，提高采购和生产的灵活性，大幅提高生产和流通效率。因此，跨境电商通过直接或间接的方式，加速了国内供给效率和质量的不断提升，从供给端为构建“双循环”新发展格局做好了保障。

（三）倒逼传统产业转型升级，加快全产业链布局

当前，我国经济正处于传统产业转型升级的关键时期，跨境电商作为一种新型业态，在一定程度上弱化了地理距离对贸易产生的限制，并基于其独特的优势，日益发展形成了一种与传统经济形态完全不同的组织运作模式。一方面，跨境电商减少了中间环节，简化了交易流程，使交易成本大幅降低，通过不断地改革创新，提高生产技术，在国内大循环中不断倒逼国内传统产业升级，向数字化、科技化的方向迈进。另一方面，在传统的交易体系越来越无法与当前的市场需求相匹配的情况下，跨境电商不断创新商业模式以适应新的市场需求，B2C、B2B、B2B2C、M2C 等新的商业形态不断涌现。“去中介化”的趋势在跨境电商中已经日益明显，导致贸易过程中的供应链不断缩短，贸易成本大幅降低，使得国际产业链的分工更加高效精准，加速全产业链的全球布局。随着跨境电商的快速发展，与之相关的物流配送、电子支付、信息服务等相关行业也产生了颠覆性变革，进一步倒逼传统产业转型升级。

（四）扩大国际合作与交流，培育国际竞争新优势

世界经济结构的深度调整导致全球产业竞争格局的调整速度加快，国家的竞争优势也在不断发生着变化。面对这一复杂多变的国际形势，我国经济要想取得可持续发展，必须牢固树立扩大国际合作与交流的理念，主动适应世界经济发展的新潮流，不断提高我国的国际竞争水平，培育国际竞争新优势。跨境电商与传统的国际贸易相比，具有其独特的优势，它更加便捷高效，通过网络沟通就能达成跨境交易，是扩大国际合作交流，在国际竞争中获得新优势的重要渠道。由于2020年新冠肺炎疫情的影响，世界贸易受阻，全球供应链中断，无数企业停工停产，但跨境电商却凭借其独特的优势实现了逆势增长，也逐渐得到了更多国家的重视和认可。因此，跨境电商已经作为一种新的国际合作方式，为更多的国家、企业和群体提供新的发展机遇。当前中国已经与五大洲中的22个国家建立了双边电子商务合作机制。随着跨境电商的发展，越来越多的中国制造企业将通过跨境电商将商品远销海外，跨境电商的发展将为中国培育新的竞争优势注入强大动力。

二、"双循环"格局下跨境电商驱动经济高质量发展的路径优化

跨境电商发展带动和优化我国内循环，畅通国际合作渠道，与国际外循环有效衔接，增强互利共赢经贸合作，实现国内国际双循环相互促进，推动经济高质量发展。在"双循环"新发展格局下，为更好地服务经济高质量发展，我国跨境电商发展需要系统谋划、整合资源，充分利用跨境电商的优势，提高整体竞争力。因此，本书从"双循环"格局的背景出发，主要从以下四个方面提出跨境电商驱动经济高质量发展的优化路径。

（一）营造良好的跨境电商政策环境

在信息技术革新以及商业模式创新的推动下，跨境电商的发展格局正在发生着日新月异的改变。这些新形势、新特点和新变革等可以通过多种渠道将自身的影响渗透到政策框架。例如，近年来日益兴起的数字贸易模式对世界各国贸易政策及相关条例均产生了深远影响。因此，为促进我国跨境电商进一步飞跃发展，首先，我国应着眼于国际合作，加强与他国的跨境电商发展协作，立足于我国跨境电商的实际发展特点及其发展需求，着力打造健全的全球经济体系和完善的跨境电商发展规则，并应预先研究制定解决跨境电商发展纠纷的一系列规章制度及法律法规。其次，国内各级政府应针对跨境电商发展统筹制定相关政策，完善主

体协同机制，畅通沟通交流协作渠道，整合各部门跨境电商资源并促进资源共享，实现跨境电商资源供需间的动态平衡，为跨境电商发展提供足够的政策与资源保障。

（二）提高跨境电商平台的质量

数据作为电子商务发展不可或缺的要素，在生产、交易和决策中发挥着重要作用，全球数字平台通过将数据进行整合分析来创造价值。首先，跨境电商平台利用他们从平台买卖双方收集的数据，通过提取和分析数据规律来促进电子商务的创新，提供更加精准的营销方案和服务，完善平台的服务生态系统。但当前跨境电商的发展还存在匹配过程中的信息不对称的现象，所以跨境电商平台应首先保持数据标签分析的模型和算法实现动态优化，进一步完善营销场景，针对不同消费市场展示差异化的供应标签。其次，跨境电商平台根据市场反馈的结果不断优化产品和服务，为每个消费者提供无缝、个性化的消费体验，提高动态匹配效率。此外，跨境电商平台应借助海量的数据，利用智能算法对潜在买家的偏好和需求进行预测，为商品的分层展示提供依据，同时探索成熟的营销方案，升级在线沟通工具，提高成交率。最后，鼓励跨境电商平台与政府部门合作，构建商业信用体系，将数据转化为商业信用资产，帮助中小跨境电商企业筹集资金。

（三）增强跨境电商企业核心竞争力

近年来，我国跨境电商企业数量逐年递增，跨境电商市场规模迅速扩大，行业整体取得了蓬勃发展的喜人成绩。然而，我国跨境电商行业同样面临着品牌建设弱、核心竞争力不足、行业附加值低等制约跨境电商行业可持续发展的重要问题。另外，我国跨境电商行业研发投入不足，行业产品仍以门槛和附加值低的商品为主体，容易造成国内同类跨境电商企业之间的恶性竞争，进而影响我国跨境电商行业的国际口碑。因此，跨境电商企业要注重差异化发展方式，不断细化市场需求，培育企业产品的独特性质，注重品牌建设，增强企业在国际市场上的核心竞争力。第一，跨境电商企业应加大技术研发投入力度，加强产品的开发设计，提高产品的附加值。第二，以国际质量标准为目标，走品牌化经营道路，加大品牌建设的投资力度，加强国外消费者对我国出口产品的品牌认同度。第三，应明确产品定位，将目标人群进行最大程度的细分，给予不同类型的消费者个性化的服务，为消费者提供更好的消费体验，提高服务质量。

（四）加强跨境电商人才队伍建设

充沛的人才资源以及合理的人才结构是跨境电商行业可持续发展的关键因素之一，而目前我国跨境电商行业面临着严重的人才结构性短缺问题。当前，我国跨境电商行业人才资源缺口巨大，而对高端人才的吸纳能力又显不足，人力资源现状和跨境电商行业发展需求之间存在严重的不匹配问题。建设完善的跨境电商行业人才梯度，一是要以数字化技术为培养重点，建设专业型人才培养体系，将人才培养重心聚焦于数字化技术的关键领域和科技最前沿；结合国内高校及科研院所资源，充分支持相关科研单位在大数据、云计算、人工智能、机器学习以及物联网等领域加强研究，鼓励高等教育领域重点培养一批复合型跨境电商行业人才。二是建设或深化产学研人才培养模式，加强企业和高校的合作办学层次；鼓励建设一批跨境电商行业培训基地，为人才培养提供理论联系实际的实训场景，结合跨境电商行业发展对人才的需求特点，有针对性地进行人才培养。三是跨境电商领域内企业也要从自身角度出发，明确并及时更新企业发展所需的人才标准，逐步完善企业内部人才培养体系，建立健全合理的人才考核及发展晋升体系，形成人才得尽其用的良好局面。

第三节　跨境电商高质量发展的困境及策略

探索高质量发展道路是跨境电商企业适应激烈市场竞争环境、实现跨越式发展的必然方向与有益探索。经济新常态下，需求疲软、竞争强化、综合运用成本高，使跨境电商企业面临着持续盈利能力偏弱、综合运营能力欠佳、持续发展动能不足的现实困境，跨境电商企业推动降本增效、改善客户体验、加速人才培育刻不容缓。鉴于此，跨境电商企业应该立足管理兴企、聚焦科技治企、注重人才强企，以期塑造科学管理框架、搭建科技运营体系、构建优质人才队伍，最终提升跨境企业的发展向心力、产品竞争力和品牌影响力。

一、跨境电商企业高质量发展面临的困境

跨境电商企业是我国推动全球经济一体化、贸易全球化的积极力量，是经济新常态下我国加速对外开放的重要平台和载体。推动我国跨境电商企业高质量、跨越式发展是我国构建开放式、立体化、多维度经贸合作的重要保障，有利于优化资源的全球化配置。面对日益复杂多变的国内外宏微观环境，跨境电商企业必

须立足自身资源禀赋，加速转型，实现高质量发展，以期适应国内经济结构升级、增速换挡及渠道转换，应对国外需求疲软、贸易壁垒及新冠疫情防控等情况。鉴于此，本书以探索跨境电商企业高质量发展面临的困境为切入点，重点分析化解跨境电商企业高质量发展困境的对策，以期能对我国跨境电商企业实现高质量发展有所裨益。

理顺跨境电商企业高质量发展面临的困境是科学、高效、竞争探索跨境电商企业高质量发展对策的基础与前提。基于当前我国跨境电商企业面临的现实状况，可从跨境电商企业盈利能力、运营能力、持续发展能力三个层面分析当前跨境电商企业存在的问题，并重点指出跨境电商在降本增效、客户体验、人才培育方面存在的不足。具体分析如下。

（一）持续盈利能力偏弱，全面降本增效刻不容缓

盈利能力不强是目前跨境电商企业普遍存在的问题，因此跨境电商必须全面推进降本增效方案的落地实施。造成跨境电商企业盈利能力不强的原因是多方面的:第一，跨境电商行业竞争激烈，主流平台的内外部资源竞争已呈白热化状态，跨境电商企业的平台成本不断提升；第二，跨界电商交易涉及的环节多、周期长、风险要素多，这些都在无形中增加了跨境电商企业的综合成本，并制约了跨境电商企业效能的提升，因此跨境电商企业的利润空间相对有限；第三，国内人力、土地等要素的成本不断提升，这也在一定程度上制约了跨境电商企业盈利能力的持续提升。由于可持续盈利能力偏弱，跨境电商抵御风险的能力非常有限，跨境电商供需两端稍有风吹草动，对于跨境电商企业的盈利水平都有极大的影响，这无疑是跨境电商行业发展的痛点。在此情况下，跨境电商企业坚持降本增效成为重要的选择。

（二）综合运营能力欠佳，优化客户体验迫在眉睫

综合运营能力欠佳是当前跨境电商企业面临的最为严峻的问题，这直接影响了客户体验感的提升，极大地影响了客户黏性的提升，继而对跨境电商企业的发展形成严重威胁。从本质上说，跨境电商企业的核心竞争力就是体现在跨境电商交易的运营体系上，如平台选择、库存管理、配送链条、售后服务等各个环节，都对跨境电商企业的盈利水平和用户体验有着极大的影响，这直接关系到跨境电商企业未来的发展状态及潜力。在此情况下，我国跨境电商企业要想实现高质量发展的目标，首要的就是改变自身极其薄弱的综合运营能力，从而提升跨境电商

企业自身的服务能力，最终高效地吸引到客户，并实现对客户业务需求的高效、科学和精准满足，最终实现共赢。

（三）持续发展动能不足，强化人才培育势在必行

持续发展动能不足也是跨境电商企业高质量发展面临的困境。目前，绝大多数跨境电商企业普遍重视平台的选择与营销工具的应用，而对于跨境电商业务的运营、服务及模式创新普遍重视不足，这严重制约了跨境电商企业未来的可持续发展。但无论是振兴运营还是改善服务，抑或是探索模式创新，都必须建立在拥有丰富人才资源的基础上。在此背景下，跨境电商企业往往是偏好跟随策略，而非创新策略，这就使得跨境电商企业的先发优势难以获得。而在 B2B、B2C 的跨境电商模式下，缺乏先发优势的企业往往难以实现业务的跨越式发展。因此，解决跨境电商企业的人才荒，也是实现跨境电商企业快速发展的重要举措。

二、化解跨境电商企业高质量发展困境的对策研究

基于前文关于跨境电商企业高质量发展面临的困境分析，结合国内外优质跨境电商企业的发展经营和跨境电商的发展趋势，可从搭建科学管理框架、构建科技运营体系、培育优质人才队伍三个层面来探究化解跨境电商企业高质量发展困境的对策，具体分析如下。

（一）立足管理兴企，搭建控成本、增效能、提质量的科学管理框架

管理兴企是化解跨境电商企业高质量发展困境的基础性对策，其目标是搭建控成本、增效能、提质量的科学管理框架，管理助力跨境电商企业经营效益的提高。第一，严控成本，要加速优化跨境电商企业的仓促、配送、运输及售后各环节的管理思路、制度及落地措施，要进一步降低跨境电商企业的综合成本，提升自身的盈利能力；第二，要以控成本为出发点，以提升效能为目标，通过商品生产体系、物流运输体系及售后服务体系的优化，不断地提升跨境电商管理的效能，进而实现增效；第三，要通过管理框架的搭建，实现跨境物流企业产品质量的保障与服务质量的提升，真正地提升跨境物流企业的综合盈利水平，提高其应对风险的能力。

（二）聚焦科技治企，形成全链条、一体化、信息化的科技运营体系

科技治企是化解跨境电商企业高质量发展困境的关键性对策，其目标是形成全链条、一体化、信息化的科技运营体系，科技赋能跨境电商企业经营效能的提

升。首先，跨境电商企业的交易流程多、交易周期长、风险要素多等特征要求跨境电商企业具有强有力的运营能力，而借助大数据、云计算、区块链等技术的赋能，可以有效地对跨境电商企业全链条业务环节进行梳理整合，优化资源配置，实现运营成本的降低和运营效能的提升。其次，在跨境物流企业中仓储管理和物流运输是最为头痛的问题，因此跨境电商企业必须打造仓储配送一体化的一站式物流供应链服务，不仅可以应对新品上市、节假日促销、同行竞争等物流服务挑战，还可以有效地降低跨境物流存在的漏洞与弊端，最终实现售后服务的优质匹配，提升客户的黏性，提高跨境物流企业的运营水准。最后，要加速应用数字信息化技术，要借助科技的赋能提升跨境电商企业的智能运营水平，高效赋能跨境物流企业的业务发展。

（三）注重人才强企，构建多层次、宽领域、立体化的优质人才队伍

人才强企是化解跨境电商企业高质量发展困境的重要补充对策，其目标是构建多层次、宽领域、立体化的优质人才队伍，人才确保跨境电商企业发展动能可持续。人才是企业发展的核心竞争力，跨境电商企业也不例外，其对复合型、高质量的优质人才有着更大的需求与更高的要求。例如，跨境电商企业往往需要复合型人才，不仅要能使用外语进行交流，而且更需要人才可以使用各类信息化工具进行企业发展的总结与分析。从某个角度来说，优质复合型人才还需要熟悉海外支付方式、法律法规、文化习俗等，从而确保跨境电商企业在国际经贸活动中的影响力、号召力和竞争力。在此情况下，跨境物流企业必须要构建多层次、宽领域、立体化的优质人才队伍，采取内部培育与外部引进并重的策略，全面实现优质人才的高效集聚。

总而言之，跨境电商仍将是我国进一步扩大对外开放、开展国际经贸合作的重要方式，是我国推动经济全球化的重要举措，因此在政策上跨境电商还将面临更多的政策红利、开放红利和发展红利。但要真正抓住跨境电商行业的发展机遇，必须坚持高质量发展道路，唯有如此才能实现跨越式发展。具体来说，就是要通过降本增效来提升跨境电商自身的盈利能力，要借助运营能力的提升来优化客户体验，依靠人才培育来强化自身的可持续发展动能，具体措施包括：第一，要践行降本、增效、提振、集约的管理思路，打造科学的管理框架；第二，要坚持全链条、一体化、信息化的科技对运营的赋能思路，全面提升综合运营能力，提升自身的核心竞争力，提高客户黏性；第三，要明确人才对于自身发展的重要性，

要树立多层次、宽领域、立体化的人才培育观，注重对复合型人才的培育，形成企业高效的智力支撑。通过以上三管齐下，继而使得跨境物流企业向管理要发展、向科技要动能、向人才要创新，最终走上新型的高质量发展道路。

第四节　发展中国跨境电商的对策

一、一般性对策

（一）加强跨境电商的监管

由于跨境电商业务涉及两个或两个以上国家，所涉及厂商及商品种类也越来越多，在商品品种、价格、质量、安全、购物环境、信息保护以及虚假打折等方面问题愈加突出，需要政府及相关部门作出相关反应。除了政策法规的约束外，我们应更加注重市场监管。事实上，由于跨境电商所涉及的部门过多，且电商发展日新月异，相比于立法，监管具有立法所不及的极大优势，因此，需要我国提高相应的监管效率。具体而言，我们可以将监管分为监管部门的完善和加强行业自律两个方面。

1. 监管部门的完善

首先可以针对跨境电商的特殊性设立相应的监管部门。由于跨境电商的创新发展和变化无规律可循，很多情况下跨境电商的贸易问题无法通过立法方面解决，需要监管部门制订相应的对策。再加上近年来在电子商务平台上假冒伪劣、虚假打折等问题频频出现，需要相关管理部门做出相应的反应以保护消费者权益。以我国为例，目前跨境电商试点城市之间的监管标准不一，也没有设立相应的监管部门，这就给跨境电商交易留下巨大的漏洞。

2. 加强行业自律

跨境电商行业协会是连接政府和跨境电商企业之间的桥梁，在跨境电商迅猛发展的背景下，2014 年中国首个跨境电商行业协会在上海成立，广东、青岛、天津、杭州、义乌等省市也陆续成立跨境电商行业协会。虽然政府可以从宏观上对跨境电商的发展进行一些调控，但是不可能面面俱到。而协会一方面可以了解跨境电商的企业在发展过程中的需求，另一方面也能有效地运用政府部门的相关政策对行业市场进行分析，满足双方的需求。因此，应该充分发挥跨境电子商务协会在市场体系中的导向作用，打造服务型、信用型行业协会。

跨境电商行业协会应利用其信息、人脉等优势，组织和开展跨境电商相关的会议及培训，为企业提供技术支持和理论指导。此外，利用行业协会的纽带作用搭建技术的桥梁，促进国内外跨境电商人才的交流与经验的学习，引进跨境电商复合型人才，为遇到阻碍的中小企业提供技术指导，从而提高跨境电商企业高效、健康运营。

加快行业协会统一标准的制定，提高跨境电商的行业自律精神，从自身提高，以自律保证贸易的顺利发展。众所周知，自律胜于他律，提高本行业自律能力，能够更好地降低监管成本，促进跨境电商稳步发展。

（二）电商平台的自我完善

跨境电商的发展，离不开电商平台的自我完善。电商平台的自我完善涉及电商交易的各个方面，目前假冒伪劣商品泛滥，线上销售无法满足消费者购物体验要求以及售后服务是跨境电商在运营中普遍面临的问题。

针对假冒伪劣产品问题，电商平台可以通过自我约束以及建立相应的内部机制，完善采购货物流程，加强对供应商的监控来保证。

而对于消费者购物体验问题，跨境电商可在全球各大城市建立相应的线下体验店，建立线上线下链接方式，以解决信息不对称以及满足消费者对购物体验的要求。相关研究表明，线下体验店在一定程度上有利于跨境电商的发展。仅以我国为例，2021 年 8 月，天津首家跨境电商线下展示体验店——位于天津港保税区海滨六路的“酷吧跨境小店”开业迎宾，标志着天津跨境电商保税零售业开启全新模式，这也成为丰富天津消费模式新业态的新亮点。

售后服务问题一直是跨境电商运营过程中面临的一大难题，与国内商品交易不同，跨境贸易一般涉及两个或多个国家，商品退换货成本高，后期维修服务难以实现。针对此问题，电商在控制商品质量问题的基础上也应注意优化物流管理，并通过建立线下售后服务中心以解除消费者后顾之忧。传统海淘的物流模式主要分为直邮和转运，转运价格低廉、标准化程度较高，但由于信息不对称，物流环节无法进行实时追踪，因而其安全性和时效性较差。而直邮相对于转运操作简单，货品丢失、破损以及被偷换的风险都相对较低，但运费较高，且支持跨境直邮服务的境外购物网站相对较少。因此，跨境电商要选择规模化、网络化的物流公司合作。针对售后服务维修问题，跨境电商在设立相应线下体验中心的同时，也可同时配备线下售后服务中心。

（三）合理发挥政府在跨境电商发展中的作用

无论是传统的实体贸易模式，还是目前备受关注的“互联网 +”贸易模式，只要涉及跨境的双边或者多边贸易，政府在其中所发挥的作用都是十分重要的，政府必须做好自身的角色，游离于经济贸易体系之外，却影响着国与国、区域与区域之间的贸易。在跨境电商贸易中，政府的角色定位十分明显。首先，政府是跨境电商贸易的纽带，国家之间和平良好的外交关系，是建立贸易往来的前提条件，跨境电商无论是贸易广度还是贸易深度都与国家外交息息相关，因此，政府部门必须努力营造良好的外交环境。其次，在以往的实体贸易往来中，贸易壁垒、贸易摩擦屡见不鲜，经常出现贸易矛盾处置不公平的事件，例如我国在 2013 年由于国外技术性贸易壁垒导致广东省直接损失额达到 94.8 亿美元，浙江省的直接损失额为 47.7 亿美元左右，除此以外，其他省市也不同程度受到贸易壁垒的影响，损失巨大。在跨境电商交易中，政府作为本国电商的坚强后盾，要不遗余力帮助电商解决贸易纠纷，减少由于贸易壁垒或者不公平对待而造成的贸易损失。同时本国政府也必须相应地减少或降低对其他国家电商设置的不合理的贸易壁垒，营造良好的互通互助的跨境电商贸易环境。最后，跨境电商涉及多边贸易，税收成本、物流成本、交易成本等成本较高，政府可以为跨境电商提供一定的支持，如税收减免、财政补助，帮助建造更加快捷方便的物流体系。

（四）注重文化差异，从数据中掘金

在“互联网 +”的时代，想要抓住跨境电商的机遇，就要将消费国不同地区的语言、文化、消费习惯及行为模式做细致的对比和调研。在大数据的黄金时代，跨境电商企业在运作过程中可以通过大数据来获取资源，并将数据标准化为企业输送精确有效的信息。高效运用互联网及物联网等数据，精准定位不同国家的客户需求及消费差异，把握不同用户的心理，将需求端与供给精确匹配，在此基础上制定针对性的营销策略，避免产品的同质化，提高企业的核心竞争力。同时，充分利用大数据去洞察消费模式背后的市场。比如通过网站上顾客对不同产品或品牌的搜索量去分析用户需求，打造专属服务。

此外，跨境电商平台可以充分运用区域的大数据，与全国知名平台建立深度合作，这样就可以把跨界销售的环节打通，让中国企业更加快速、高效地开拓海外市场。

二、基于中国跨境电商瓶颈的对策

（一）建立健全相关的法律体系，积极促进跨境电子商务的发展

我国目前在跨境电子商务领域的法律体系还没有完全形成，自1999年修订《中华人民共和国合同法》以来，关于跨境电子商务合同的法律法规制定一直相对滞后。2021年7月9日,《国务院办公厅关于加快发展外贸新业态新模式的意见》对外公布，其中提出要在全国适用跨境电商B2B直接出口、跨境电商出口海外仓监管模式；便利跨境电商进出口退换货管理；优化跨境电商零售进口商品清单；扩大跨境电商综试区试点范围。

由于跨境电子商务交易虚拟化、全球化的特点，假冒伪劣商品、跨境售后维权难、消费欺诈等问题给跨境电子商务带来了严重的挑战。建立健全跨境电子商务的市场监督体系，加快监管信息平台建设，建立跨境电子商务跨部门信息共享和协调机制是跨境电商发展的必然要求。

此外，构建电子商务法律法规体系还要注重以下三个方面：一是立法要与我国的国情和我国跨境电商的实际情况相结合，法律法规既要起到规范交易行为、保护各方利益、维护交易安全的作用，又要保证跨境电商发展所必须的公平自由的环境，促进跨境电商的发展。二是要把跨境电商的相关法律与我国现有的法律体系有机的结合，构建完整的跨境电子商务法律体系。三是要考虑我国关于跨境电商的法律与各个国际商法等通用法律体系之间原则的统一。

（二）建立健全结算支付体系

我国跨境电商的结算支付体系长期处于监管缺失的状态，目前我国的主要任务是结合当前跨境电子商务的发展状况，立足于中国国情，逐步总结出跨境电商发展中的有利经验，不断完善直购进口、保税进口、保税出口、一般出口四大运作模式，积极推动结算支付的制度改革和制度创新，探索新道路，解决新问题。逐步建立信息化的结算支付管理平台，不断推广在实践中比较成功的支付结算模式，最终达到简化操作流程，节约交易时间，从而解决国际结算中各种限制所带来的问题。以方便跨境电商的买卖双方为原则，同时加强监管，以防止结算支付中所可能出现的各种风险，从而推动跨境电商的发展。

（三）规范整合物流体系，加大“海外仓”等物流新模式的探索

物流系统是电子商务发展的重要支撑，跨境电商的发展给我国传统的物流系统提出了新的挑战，随着跨境电商业务的不断开展，在对物流体系需求增加的同

时，跨境电商也对物流体系的质量与速度提出了新的要求。我国现有的物流体系在跨境运输方面存在着许多的不足，对于跨境电商业务中所涉及的物流问题，首先，我们应该整合现有的各种物流体系，加强不同物流公司和物流方式之间的合作，搭建一个统一的物流信息平台，对跨境物流进行统一集中的管理；通过完善物流行业的规则与法律制度，进一步对于物流体系的运行效率进行有效的监督与调控。其次，要加强物流体系的创新，加大“海外仓”等新兴物流模式的推广，注重生产性服务业与新的物流模式的有机结合，加强信息技术、物流管理平台等生产性服务业对于跨境电子商务的支持力度，从而打造出一套有效率的跨境电商物流体系。

（四）加强国际营销方面的投入，打造跨境电商的国际品牌

首先，企业应该树立全球化的营销意识。在跨境电商领域适当增加国际营销方面的投入，制定中长期的营销战略，增加产品的知名度。在国际营销中要注重消费者信息的收集与分析，对于不同的国家和地区，要深入了解其文化、风俗习惯、消费模式、政治环境等信息，具体问题具体分析，有针对性地进行国际营销战略的制定。

其次，树立品牌意识。现阶段，跨境电商产品同质化程度较高，这一现象在同类企业中更为突出。而对于中小型企业来说，大公司一旦使用低价战略，相比之下，中小型企业就毫无竞争力。而品牌效应在一定程度上有利于缓解这类现象的发生，消费者在购物时倾向于选择品牌企业，因为品牌在一定程度上意味着质量的保证，这就需要跨境电商在建立和发展时注重品牌的树立。在跨境电商的活动中根据自身的优势，不断尝试打造具有国际影响力的电子商务品牌，将国际营销与品牌化战略相结合，同时根据自身的实际情况，推广具有中国特色的品牌和品牌文化。

（五）加大电子商务人才培养力度

解决跨境电子商务中人才供需矛盾的关键是调动各方资源，多渠道地引进与培养人才。一是要发挥高等院校的作用，大力培养复合型的跨境电商人才。各高校应该制定培养方案有针性的培养人才，在合理设置有关跨境电商的相关课程的同时注重与实践的结合。同时，要注重有关于跨境电商的职业教育的发展，培育适应跨境电商发展的专业技术人员。二是利用各方资源，鼓励企业开展对于跨境电商从业人员的培训，以实践为基础，增加从业人员的专业知识和技能水平。三

是要加强跨境电子商务企业与各高等院校和职业培训学校的合作，搭建产学研一体的人才培养与教育平台，从而增加在校大学生的实践能力，增强跨境电商从业人员的总体水平。四是加强引进国外优秀人才，充分学习和利用发达国家关于发展跨境电商的经验，同时结合中国企业的实际情况，通过人才交流不断推动我国跨境电商人才的专业水平。

三、基于企业层面跨境电商发展的对策与建议

我国企业在跨境电商发展的同时，也面临着很多的问题。即使像阿里巴巴这样的大企业也面临着很多的挑战，而类似于阿里巴巴面临的劣势和威胁在中小型企业广泛存在，因此，这些企业在发展跨境电商过程中遇到的同样问题也必须找到切实可行的解决对策。

（一）加快跨境电商信用体系建设

任何企业在经营中首先必须遵守的是“诚信经营”，没有诚信作为交易的前提，市场秩序将会出现混乱，尤其是跨境电子商务，由于其交易的平台是虚拟的互联网，且交易涉及不同的国家或地区，诚信建设更为重要。针对供给端售卖假冒伪劣商品等不诚信问题，政府和相关机构应该协调配合，建设严格规范的信用体系。一方面，政府和相关机构可以建设跨境电商信用公共服务平台，并提供政策、资金以及数据资源方面的支持。信息公共服务平台可以提供一系列的信用服务如跨境贸易法律咨询，跨境电商主体身份识别，企业信用查询以及在线咨询服务等。另一方面，利用跨境电商平台严格把关。平台可以进一步完善对跨境企业的认证体系，针对卖方发布的商品信息、数量、质量进行严格把控和记录。同时，建立专门的诚信数据库，对跨境交易中不诚信企业进行强力惩罚，并对弄虚作假的商家采取公告曝光、记入工商局黑名单等措施，为消费者提供更好的购物体验，为跨境电商营造良好的诚信交易环境。

（二）合理规划物流体系

物流对跨境电子商务来说至关重要，目前问题主要表现在物流的运输成本和运输速度两方面。高额的跨境物流成本无疑将会抬高跨境商品的价格，从而无法保证消费者进行跨境购物的价格优势。对此，跨境企业可以通过聘请国内外优秀的物流规划人才专门负责物流方面的规划及相关培训，引入一流的物流创新理念。此外，对国内外市场进行充分的调研，搜集全面的数据和信息并进行分析，

制定出最佳的物流规划方案。例如，针对跨境物流成本高的情况，对于物流量较大的国家，可以建立海外物流仓库和配送中心，方便整合物流资源，便于批量化配送，大幅降低物流成本，但海外仓的选址方案需要通过合理的规划来具体确定，以便最大限度地发挥海外仓在物流配送方面的作用；而对于物流量较小的国家，可以采用海外代理的方式，减少海外仓的投资费用。针对跨境物流速度慢的情况，企业可以采用先进的物流信息技术减少货物中转时间，提高货物的周转效率。对于不同的国家和地区，应充分了解当地的地域特点，因地制宜，针对不同地域的消费市场采用不同的物流模式，以在最大程度上缩短物流周期。

我国目前的物流系统还是以人力为主，从而导致成本较高同时效率较低。国内物流应当完善基础设施建设，建设信息化、智能化仓库，依靠现代信息技术处理物流信息，从而有效提高货物运送效率，同时也能降低出错率，提升客户满意度。

（三）加强与金融和保险机构的合作

支付环节是跨境电商交易过程中的关键。对于支付环节，首当其冲的是要确保支付的安全性，支付是否安全是决定跨境电商是否能够长期生存的关键。针对这一问题，首先，公司除了要提供专业且安全的支付平台外，还应积极地与各国或地区的保险机构保持密切合作，为消费者的资金和账户提供强有力的保障。其次，第三方支付平台要完善用户信息，多途径认证用户身份，为贸易双方提供更为全面的信息，保障双方的合法权益。同时，境内外金融机构的多元化对支付平台提出了更高的要求，对此，公司应灵活多变，加强与各国主流金融机构的合作，开发出兼容性好的支付平台，确保支付过程的安全性。

除了要保障支付安全外，企业还应合理借鉴国际上一流的支付平台，如PayPal，尽可能地为支付环节提供更大的便利。利用大数据更精准地定位用户消费行为，以客户为中心进行支付平台的创新，在保障支付安全的同时，提升用户满意度，提高在国际中的竞争力。

（四）完善售后服务体系

售后服务是跨境电子商务的后勤保障，完善的售后服务体系将给消费者带来愉悦的购物体验。电子商务是以虚拟的网络交易平台为基础，不同于实体店交易，买卖双方无法实现面对面的交易。一方面，或因部分商家不能做到真正的诚实守信，或因产品自身的特殊性，商家对产品的描述很难做到真正意义上的全面；另一方面，由于网络平台自身的特殊性，消费者对商品的了解往往不够全面，收到的商品与预期相差较大。所以在交易的过程中往往会遇到各种问题，特别是产品质量问题，致使消费者在收到货物后对货物不满，心生怨气，商家若不妥善处理，将严重影响跨境电商企业的信誉而制约其正常发展。此外，货物或包裹运输过程中的多次中转也会增加货物破损的风险。因此，跨境企业应着眼于消费者的切身利益，简化售后服务程序，对于诸如消费者退换货、消费者权益保障等问题，应建立完善的售后服务体系，保障消费者的合法利益。

（五）以差异化服务满足个性化需求

在服务方面，要运用淘宝大数据做好客户分析，精准定位客户多样化的消费需求，塑造自己的核心竞争力，比如聚美极速免税店就打出30天退货的口号，以超长的售后服务来打消消费者的顾虑。

在商品供应方面，跨境电商企业应综合考虑各国的商品和消费需求特点，着眼于不同国家消费者的消费习惯和消费心理，放眼全球，开展特色商品专区服务，避免商品的同质化现象。例如，中国的丝绸、瓷器、清凉油等深受国外消费者的欢迎，因此，可以设立中国特色商品专区；又如，日本的电子产品、澳大利亚的奶粉、巴西的咖啡、韩国的化妆品等在全球都具有较好的口碑，均可以根据各国品牌知名度及消费者需求设立特色商品专区。特色商品专区的设立不仅为消费者提供了他们想要的特色商品，而且在很大程度上满足了消费者对各国商品的一站式购物需求。

面对跨境电商行业日趋激烈的竞争，企业可以利用好各国商品的优势，优化配置，努力打造出一个具有多国特色的多样化电商平台，在满足各国消费者多样化需求与愉悦购物体验的同时也无形中提升了自身在同行业中的竞争力。

（六）视野全球化，渠道多元化

跨境电商与传统的电子商务有着很大的区别，传统的电子商务面对的只是国内市场，而跨境电商面对的是全球各个国家，海外的货源往往难以掌控。现阶段，企业跨境电商平台对商品的推介等软实力不足，品牌塑造力不够，也在很大程度上阻碍了跨境电商的规模化发展。针对这一问题，跨境电商企业可以多渠道推介商品，不再局限于电商平台。随着电子商务的深入发展，当今跨境电商企业已经进入到网络精准营销和多元化营销相结合的时代，各种社交平台的产生增加了商家与消费者的互动。企业可以根据消费者的不同特点通过社交平台建立不同的商圈，为产品的分享与推介提供基础，增加商品的知名度。

此外，我国中小企业应具备国际视野，作为面向全球的消费市场，不能仅仅局限在少数国家及少数品牌的商品上，更应该放眼全球，深入拓展不同类型的海外市场，加大对消费者市场的调研与细分，积极推介国内外优秀品牌，增强软实力。

第三章　跨境电商商业模式

第一节　我国跨境电商商业模式创新的基础研究

一、跨境电商行业的经济学特征

跨境电子商务是电子信息技术发展到一定阶段、人类经济活动市场化进程进一步深化的必然产物，是一种以互联网技术为核心的新经济形式。随着不断发展壮大，跨境电商行业已显现出了众多经济学特征，如网络效应、长尾效应以及规模经济效应等。

（一）网络效应

跨境电子商务作为一种新的经济形式，是市场信息化和网络化共同作用的结果，其出现有利于提升资源分配的广度和深度，使资源配置的成本更低、效率更高，从而更好地促进世界经济的一体化。

网络效应是指当市场上交易各方收益增加时，产品价格并不会随之发生变化。这也可以理解为当某种商品的消费人数越多顾客越能获得满足时，就出现了网络效应。

在跨境电子商务中，平台上的客户数量越多，企业往往能获得更多的收入，盈利的快速提升得益于成本的低下和用户数量的快速增加，在此，可以将用户价值分为以下两部分：

①自有价值：商品自身所拥有的功能产生的价值。

②协同价值：原有顾客在新顾客参与进来时从中获取的价值。

对于跨境电商平台用户而言，其从网络效应中获得的价值便是协同价值。由于不同产品之间功能上的差异，其产生的网络效应也不尽相同。

从影响效果来分，网络效应有正的和负的两种。正网络效应是指随着顾客总数的不断增多，每个顾客获得的价值不断提升，这方面最典型的就是电话网络；

负网络效应则恰恰相反，如若干人同时网购时网速的快慢。

从影响方式来分，网络效应有直接的和间接的两种。对于厂商而言，网络效应意味着其可以吸引更多用户进入网络，究其原因，一方面网络效应使厂商能够降价销售，从而降低产品的消费门槛；另一方面，在网络效应的作用下，企业能将更加优秀的产品提供给顾客，而随着网络规模的逐渐壮大，单位用户价值也会不断增加，于是更多的顾客参与进来，从而产生良性循环。这种良性循环产生的直接结果是，若一个行业具有直接网络效应，那么用户从单一厂商那里将获得更多的价值；若一个行业具有间接网络效应，那么其厂商提供的产品将更好。从长期的角度来看，随着用户获得价值的提高，其投向其他厂商的成本也会增加，从而被“套牢”在这一网络中，这一网络通常是行业“老大”提供的，通过这种“套牢”，厂商往往就能获得垄断利润。

显然，网络效应一方面可以影响产品用途的设计，另一方面还能对产品的定价产生影响。跨境电商行业的很多领域都有免费模式，这些领域往往都有一个“老大”，如 B2C 领域的速卖通，为提升交易额，速卖通以“免注册费”吸引卖家入驻，这样卖家便能以较低的成本经营店铺，从而降低商品售价，提升交易额。因此，对于跨境电商企业而言，一定要结合网络效应这一特征来进行商业模式的创新，这样才能更好地获得成功。

（二）长尾效应

从需求的角度来看，人们大多数的需求都有一个风向标，即大部分人的需求都有着一定的相似性，如人们都喜欢体面的衣服等，这部分的需求我们称为“头”，即主流。而现实社会中也有一些人总是追求标新立异，他们的需求是特殊的、非主流的，这部分需求，我们可以称为“尾”。这部分需求虽然稀疏，但数目众多，如果把它们绘制在一条需求曲线上，就会出现一条长长的“尾巴”。因而，所谓长尾效应，即企业的业绩不在畅销商品所形成的“头部”，而在冷门商品所形成的“长尾”，和那些顾客需求旺盛的产品占据的市场相比，销售量不是很好的产品所共同占据的市场可能会更大。长尾效应的根本在于“个性化需求”“客户力量”和“薄利多销”。

以电商为例：按照阿里巴巴的统计数据，淘宝上有超过一半的销售额都来自销量排名 10 万名开外的商品，这就意味着那些非主流的商品要比那些主流商品所形成的市场更大。也就是说，如果我们能够克服资源的稀缺性，潜在的电商市场将至少是目前的两倍大。

以下三个因素在长尾的产生过程中起到了重要作用：

①数字化生产工具的广泛拥有。例如，计算机的出现让“生产者”队伍迅速壮大，每个人都有机会去制作属于自己的数字化产品。

②互联网的普及。在网络环境下，人人都是信息散布者，由于散布的成本非常少，各种信息能够在网上飞快地传播，当前，无论是谁只需在速卖通上开个店，就能接触到比原先广阔得多的市场，通过网络进行交易，企业的成本大幅减少，从而能够给顾客提供更加实惠的价格。

③搜索引擎的使用。在搜索引擎的帮助下，消费者很容易就能找到非主流产品，这样一来，这部分供给便有了需求，“长尾”也就会不断壮大。

可见，长尾不仅存在于跨境电子商务企业中，事实上它无处不在。长尾的本质就是通过网络这一媒介，聚合社会上原本因物理位置、交易成本等各方面限制而未能得到满足的离散需求，从而构建起一个庞大的新市场。

（三）规模经济效应

规模经济（Economies of Scale）指假设技术条件不变，随着生产规模的扩大，生产同一产品的单位成本降低。随着规模的扩大，每个劳动者都有自己的分工，劳动效率更高，各项资源都能使用得很充分，从而使收益以更大的幅度增加。

以企业为核心的微观经济活动的规模可以通过跨境电子商务实现低成本扩张，形成内在规模经济效应。第一，跨境电子商务的发展，有利于企业在更为广阔的市场范围获得生产要素，并降低生产要素投入生产经营活动的成本，使资源配置效率提高。第二，跨境电子商务的发展，也有利于企业产品在更大的市场范围内销售，为企业生产规模的扩大提供了市场需求。第三，跨境电子商务的发展也有利于深化产业内各微观主体之间的联系，促使产业规模不断壮大，从而产生外在规模经济。跨境电子商务的不断发展，降低了产业经济活动的外部交易成本，使产业内各微观主体之间的分工与合作进一步深化，从而获得专业化分工带来的经济效益。

简言之，跨境电子商务的兴起，有利于使企业或产业规模不断壮大的同时，平均成本减少，收益增加，即形成内在规模经济与外在规模经济。

二、我国跨境电商商业模式创新的基础

（一）商业模式的概念界定

迄今为止，理论界对商业模式的界定并不统一，不同学者对商业模式的理解不同。我们在参考前辈学者对商业模式的定义的基础上，认为商业模式大致有运营类、价值类和盈利类三种不同类别的定义。

运营类定义认为，商业模式是一种组织架构的设置，其核心在于企业通过系统的组织结构设计来创造价值。蒂默尔斯（Timmers）在其研究中指出商业模式是一个流程体系，由产品、服务与信息共同组成。奥斯特瓦德（Osterwalder）等人提出商业模式是一种思维上的工具，这种工具蕴藏着各元素之间的相互关系，旨在阐明企业的经济思维，他们在描述公司顾客价值的同时，也描述了用以实现这一价值的各种要素。

价值类定义认为，向用户传递价值是商业模式的核心。2005 年后，“价值”开始被纳入商业模式的研讨范畴，各价值要素逐渐成为商业模式的关键构成要素，商业模式的主要决策变量开始出现“价值”和“竞争优势”。切萨布鲁夫（Chesbrough）在其研究中指出商业模式涵盖了企业价值确定、划分目标客户、预估企业成本、发掘获利潜力、设计盈利机制以及构建竞争策略。蒂斯（Teece）认为商业模式的核心是企业将价值转化为利润的方式，在这个转化过程中，企业不仅向顾客转让价值，而且从顾客身上获取价值。

盈利类定义认为，商业模式即企业的盈利模式，包括企业成本、目标产量、定价原则、获利途径等。斯图尔特（Stewart）等在其研究中指出商业模式是企业制造利润的途径。奥弗尔（Afuah）等认为商业模式是企业通过某种方式消耗资源，为顾客创造更多价值，从而获得利润的方法。拉帕（Rappa）则认为商业模式是维持企业生存的方法，其核心是获得利润。

综上可以看出，商业模式研究的焦点从最初的资金、营运逐渐转向发展战略，从追求利润到追求价值。从根本上来说，“价值”可以对商业模式进行更好的阐释，因此，商业模式设计的核心便在于企业与客户之间的价值传递。

（二）我国跨境电商传统商业模式及其存在的问题

1. 我国跨境电商传统商业模式概览

我国跨境电商传统商业模式根据不同的业务形态可以分为以下五大类：

（1）海外代购模式

在运行方式上，海外代购又可进一步划分为两种：一种是代购平台，另一种是朋友圈代购。海外代购平台的主要优势在于海外产品品类丰富，用户流量大，但其也有自身劣势：消费者对于入住商户的真实资质持怀疑态度，交易缺乏信用度，竞争优势不明显。海外代购平台的主要代表电商企业有：京东海外购、美国购物网等。朋友圈代购的主要优势在于以社交为基础，顾客黏性大，但这一模式的可持续性不强，随着海关政策的收紧，这种模式持续下去的难度较大。

（2）直发、直运平台模式

直发、直运平台模式的优势在于在可与海外供应商直接谈判并签订供货协议，后续发展潜力大，但这种模式前期所需资金投入较多，且容易面临流量不足的问题，代表电商有：洋码头、苏宁全球购、一帆海购网、走秀网等。

（3）自营 B2C 模式

在运行方式上，自营 B2C 模式又可进一步划分为两种：一种是综合类自营 B2C 模式，另一种是垂直类自营 B2C 模式。综合类自营 B2C 模式的主要优势在于跨境供应链管理能力强，有较为完善的跨境物流解决方案且后备资金充裕，但其业务发展受到行业政策变动的影响显著。代表电商有：亚马逊、1 号店的“1 号海购”等。垂直类自营 B2C 平台的优势在于供应商管理能力需求相对较轻，但其前期资金投入较多，代表电商有：蜜芽宝贝、莎莎网、草莓网等。

（4）导购、返利平台模式

导购、返利平台模式的优势在于业务的开展比较容易，对消费者需求比较敏感并能很好地满足，从而可以在短期内拢聚大量海购客户，但长期而言，这种模式把规模做大的不确定因素较多，代表电商有：一淘网、海淘城、什么值得买等。

（5）海外商品闪购模式

海外商品闪购模式的诱人之处便在于倘若在行业中处于领先地位，货源与流量将会高度集中，但这种模式对货物来源、物流运输以及对平台用户引导疏通的能力要求比较高，任一环节出现差错都会导致失败，代表电商有：蜜淘网、环球闪购、杨桃派等。

2. 传统商业模式存在的问题

从以上对跨境电商传统商业模式的论述中我们看到，传统商业模式面临着诸多挑战，如交易信用度缺失，对跨境供应链的涉入较浅，可持续性不强，前期流量不足，招商缓慢，资金投入门槛高，物流和支付方式的配套不完善，等等。

在盈利模式上，传统跨境电商往往采用收取注册费等方式，其收取的费用往往与商家的业绩并没有直接关系，导致许多商户利润很少而生存困难。许多B2C自营模式的跨境电商，其核心过程包括采购商品、与客户交易磋商、资金支付、商品或服务交付，由于以进销差价作为主要赢利模式，它为客户提供的价值主要在于价格优势以及服务优势上，而随着网上各类竞争企业越来越多，其赢利的稳定性不强，因此其可持续性还有待观察。另外一些B2B跨境电商平台，其主要买卖步骤涵盖：传播信息、订货、结算、单据签发和货物配送等。这些过程既可以直接通过厂商间的交易完成，也可以通过独立的第三方B2B跨境电子商务平台完成，这些平台通过向厂商提供各类服务，收取服务费用以实现持续盈利，而这种方式往往导致厂商成本高昂。

在“互联网+”国家战略的时代背景下，传统跨境电商的商业模式显然已不能很好地适应平台商家的需要。“互联网+”意味着经济活动将以一种全新的姿态展现在我们面前，即将互联网对资源配置的高效整合作用发挥得淋漓尽致，从而达到节约成本和提高效率的目的。我国跨境电商要抓住“互联网+”的重要机遇，转变思维，重塑结构，积极探索商业模式的创新，从而更好地满足目标客户的需求。

在“互联网+”等政策的利好下，我国跨境电子商务的发展前途一片光明，然而，与国外不断发展创新的商业模式相比，我国跨境电商商业模式虽层出不穷，但依旧处于对国外模式的借鉴与跟踪阶段，因而，如何根据我国跨境电商发展的特点及需要，不断探索跨境电商商业模式的创新变得尤为重要。一方面，只有进行商业模式的不断创新，我国跨境电商才能获得更好的发展；另一方面，无论是现有的理论支撑，还是当下的政策环境，抑或是技术的跟进，都为我国跨境电商商业模式的创新提供了可能。从以上分析可以看出，跨境电商商业模式的创新关键在于跨境电商平台类企业的创新，整个跨境电商商业模式的创新是由这类企业推动的。这类企业之所以能够创新，是因为传统商业模式中不经济现象的存在，通过优化这些现象，把不经济变成为经济，更好地为客户提供价值，创新才能取得成功。

跨境电子商务的发展正处于上升阶段，其在发展过程中理所当然的会展现出一些共性特征，而这些特征是行业内企业进行商业模式创新的重要参考。而跨境电商行业中已显现出的包括网络效应、长尾效应以及规模经济效应等经济学特征，同样也是跨境电商企业能够充分利用的创新工具。跨境电商作为一个行业，其核心驱动因素来自网络技术，而网络技术的天然媒介性，使得跨境电商行业具有极强的外延性。这种外延性体现在两个方面，一方面是行业内各细分领域间交叉融合，从而产生新的商业模式，另一方面是传统行业深度渗透与整合，从而形成新的企业组织。因此，跨境电商企业在创新商业模式的过程中，要不断发现新的市场机会，要基于自身行业特征，使商业模式的构建具有经济上的可行性。

第二节　我国跨境电商商业模式创新的理论分析

通过对我国跨境电商行业发展现状、行业特征以及传统商业模式存在问题的分析，我们总结得出了我国跨境电商商业模式创新的基础。在此基础之上，本节结合商业模式创新的内涵及相关研究成果，从理论上对我国跨境电商企业商业模式创新的路径进行深入研究与分析。

一、商业模式创新的内涵

商业模式创新是企业以创新顾客价值为基础，对顾客价值创造与传递方式以及企业价值获取机制的系统性设计行为。

首先，商业模式创新以顾客价值创新为起点，并且其整个创新流程都是围绕新的顾客价值进行的。

其次，商业模式创新追求将潜在收益变为现实。商业模式创新不仅会帮助企业发现新的市场空白和长尾需求，而且积极寻求各种将未被发现的收益转化为实际收益的方法。

最后，商业模式的创新是具有关联性、系统性的，这可以通过将其核心元素进行对比展现出来，本节主要采用比较权威的由奥斯特瓦德整理得出的商业模式核心元素分析框架来对商业模式创新进行分析，从而让读者能够更为直观地了解商业模式创新。

价值创新的方式多种多样，但主要可以从两个方面来看，一是积极拓展新市场，不断锁定新客户；二是对现有产品和服务的核心价值进行重新审视和定位，以更好地开发出符合客户需求的产品。通过新的价值定位来构建顾客价值创造系统，从而使企业所要表达的价值主张得以展现，其会影响到企业的核心业务、协作伙伴、营销渠道等关键元素。在新价值主张和价值创造体系的基础上，如何实现自身经济利益则是企业必须要面对的问题。价值获取机制主要涉及两个方面：一是企业成本的结构，二是企业收入的来源，其所追求的就是企业如何使自身收入与利润不断增加。

二、我国跨境电商商业模式创新的路径

根据以上分析，我们可以把跨境电商商业模式的创新定义为跨境电商企业以创新顾客价值为基础，对顾客价值创造与传递方式以及企业价值获取机制的系统性设计行为。可以发现，在进行商业模式的创新时，我们通常可以采取三个步骤：首先要创新顾客价值，其次要对价值创造系统进行构建，最后要积极探索发现企业价值获取的途径。对于跨境电商企业而言，可根据自身行业特征，结合相关工具来形成更加具体的、可操作的创新路径图，见图 3–1。

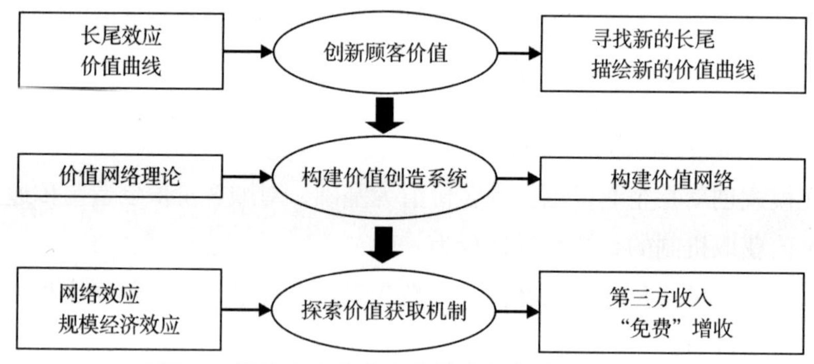

图3–1　跨境电商企业商业模式创新路径分析框架

在顾客价值创新方面，跨境电商企业一方面要充分发挥长尾效应的指导作用，积极寻找新“长尾”；另一方面，可参照四步动作框架，重新描绘新的价值曲线，从而形成企业新的价值定位和价值主张。

在构建顾客价值创造系统时，跨境电商企业可以通过设计符合自身条件的价值网络来创造和传递新的顾客价值。

在企业价值获取机制的设计上，跨境电商企业要充分考虑行业的网络效应、规模经济效应等经济学特征，并充分了解价值网络中各目标客户的需求，使产品和服务的定价更加合理，从而使收入不断增长。

三、顾客价值创新

跨境电商企业可以从顾客需求角度来创新顾客价值：一是对全新市场中新目

标顾客的需求进行满足，二是积极研发更加优秀的产品，从而更好地迎合已有市场上消费者的需求。

（一）寻找新的长尾

从上文对长尾效应的分析可以看出，跨境电商企业寻找新长尾的关键在于挖掘因各方面限制而未能得到满足的离散需求，要想创建一个全新的长尾市场，就必须构建跨境电商服务平台，从而满足这些需求。以参与社会经济活动的主体来看，这些离散的需求主要来源于两个方面：组织和个体。

1. 组织的需求长尾

我们以企业为例来分析组织的需求长尾。企业生产的有序进行是需要一定成本的，当企业积极寻求壮大生产规模时，其运营成本也会不断提高，这就降缓了企业扩张的速度，此时，更多的市场买卖活动对企业而言就变得非常重要。基于科斯的交易成本理论可以发现，企业会对内部生产成本和外部交易成本进行综合权衡。因此，若按照波特的价值链理论，将企业的运行过程当作是一连串价值活动，那么其所开展的每一项活动，都是在成本比较的基础上来选择是在场内还是在场外来进行交易。而跨境电商的出现，拓展了传统外贸企业对场内和场外交易的选择，这个选择也就是跨境电商企业所不断寻找的长尾。具体可以用几个例子来说明。

（1）促销长尾

由于跨境电商企业的促销需求不断增加，这就促使跨境团购网站出现在公众视野。在跨境团购网站还没有出现的时候，一般跨境电商若要进行促销的话，通常采用的方式就是不定期打折、发抵用券之类的，这种手段通常信息的传递会出现滞后，往往了解促销信息的顾客不是很多，覆盖人群有限。而跨境团购网站的出现为跨境电商平台商家提供了一个非常便利而又覆盖面广的交易平台，在这一平台上商家不仅能够把产品推销给更多的顾客从而增加销量，同时也能够促进自身品牌的推广。跨境团购网站发掘的便是一个数目非常可观的促销长尾。

（2）渠道长尾

近两年来，我国对外贸易总额增速均不高于10%，进出口贸易总额增幅有限。国内原本出口导向型的大批中小型制造企业面临生存危机，迫切需要开拓能够促进其产品销售的新渠道，而随着跨境电子商务的快速发展，通过互联网平台促进自身产品的对外销售成为这些企业的第一选择，但这一过程又面临一个问题——

广大中小企业并没有自己建立、运营线上平台的实力，同时渠道的推广也需要一定的资金成本。阿里巴巴正是看到了这一巨大的机会，从而推出了速卖通，为中小企业提供门槛低、效果好的B2B跨境电子商务服务，帮助他们解决产品外销难的问题。因此，速卖通正是发掘到中小企业跨境销售的急切需求，从而得到一条可以获得巨大利润的渠道长尾。

（3）广告长尾

跨境电商企业在推销产品的活动中往往需要一些好的广告来吸引目标顾客群体，广告的数量和质量将在一定程度上影响企业产品的最终销量。但是直接投资广告将带来巨大的研发设计和资金成本。针对这样一种情况，速卖通推出了直通车，这是一种平台会员通过自主设置多维度关键词，免费展示产品信息，通过大量曝光产品来吸引潜在买家，同时依据点击量来支付费用的全新网络推广模式，这种推广模式成本低，针对性强，企业往往以原本所需要花费成本的几分之一就能把产品推销出去。

2. 个体的需求长尾

个体需求长尾主要包括两个方面：一是经济层次的需求，二是非经济层次的需求。经济层次的需求主要指个体渴望自身拥有资源经济效用的最大化。个体所拥有的智慧、知识等无形资产都能被用于财富的创造，而区域市场的局限性使得个体拥有的这些资源的效用很难最大化，跨境电商的出现则使大家都面临一个更大的市场，从而能更好地拢聚个体的需求。非经济层次的需求主要指个体更高层次的追求，包括荣誉、地位等，此时，个体期望大家能够了解和赞同自身知识、智慧等产生的效应，从而获得成就感。

（1）论坛长尾

通常，人们在购物之后，往往希望有一个地方能够充分地将自己对所购商品的评价以及自己这次购物的经历表达出来，针对这一需求，有些商家通过和论坛合作以及自己独立运营论坛，让顾客们在上面积极讨论电子产品、游戏等热衷的话题，对产品服务或赞美或“吐槽”，用一种间接的手段曝光自身的产品信息、打折优惠信息。良好的口碑使得论坛持续不断地吸引着越来越多的客户。

（2）智慧长尾

智慧长尾往往通过自身知识和智慧等的投入来创造价值，从而获取额外收入。

（3）社交长尾

购物后，人们希望把自己拍下的商品展示出来，供给他人欣赏。Wish 的出现便瞄准了这一市场。Wish 是一个社交导购网站，用户可以收集并分享自己喜欢的商品图片，同时只要顾客喜欢，随时可以购买拥有图片商品。

（二）描绘新的价值曲线

莫博涅（Renee A.Mauborgne）和蒂姆（W.C.Kim）在其研究中认为，价值曲线本质上是一个分析工具，被用来研究企业及该行业给用户传递的核心价值的特征。它主要有横、纵两条坐标轴，其中横轴标示企业向用户传递的各种价值，而纵轴则标示这些价值的高低状况。以跨境电商企业向用户传递的价值及其大小为基础，可以勾画出跨境电商企业的价值分布曲线，跨境电商行业中每个企业都有自己的价值分布曲线，若将它们绘制在一张分布图上，就可以很明显地看出各企业价值分布的区别，并从中发现价值创新的方向和位置。

以国内主要跨境电商企业为例，我们把跨境电商平台向目标顾客提供的关键价值划分为响应速度、可操作性、准确度、覆盖面品牌五个方面，其中覆盖面指跨境电商平台所能覆盖的广度，也即其收录的商品数量；准确度表示当用户在搜索商品时，平台给出的结果与顾客想要结果之间的差异大小；响应速度表示从顾客提交商品关键字到结果出现所花费的时间；可操作性主要指跨境电商网站平台的操作是否方便，能否帮助用户更好地搜索到满意的商品；品牌主要指不同跨境电商企业给用户的总体感觉），那么根据 Alexa 排名，目前，国内综合排名前三的跨境电商企业是速卖通、阿里巴巴国际站、敦煌网。

为了更好地利用价值曲线进行研究分析，金（W.Chan Kim）等人发明了四步动作框架，通过四步动作框架可以更好地创新企业所提供产品和服务的价值曲线，其主要过程就是回答对行业核心价值十分重要的四个问题：

①哪些根深蒂固存在却不合理的价值元素应该被删除?

②哪些不是很重要的价值元素应该被减少?

③哪些关键的价值元素应该被增加?

④哪些新的价值元素应该被挖掘?

对于跨境电商企业而言，顾客价值创新主要可以通过两种方式来实现：基于细分市场内的创新和基于跨细分市场的创新。

1. 基于细分市场内的创新

通过相关研究可以发现：基于细分市场内的顾客价值创新往往紧跟行业发展

动向，能够准确预测和分析消费者的需求变化，在保证现有价值元素对客户需求满足的同时，为满足新的客户需要不断研发出新的价值元素。

（1）网站平台

当前，国内企业纷纷搞起了跨境电商，有区域性的，也有全国性的，他们提供的产品数量巨大，质量良莠不齐。面对众多电商网站提供的产品服务，消费者在琳琅满目的商品面前不禁感到困惑：今天各网站有什么好的商品呢？这家跨境电商的产品质量可以吗？打折力度大吗？我需要用多长时间才能发现最中意的商品并使购买这商品的机会成本最低呢？

跨境购物对于消费者的核心价值在于“物美价廉的进口商品”，但随着相关跨境电商平台数量的急剧上升，消费者又产生了新的需求，即如何快速找到真正“物美价廉”的进口商品。从价值曲线上看，就是行业中出现了一个新的“时间”价值元素，而这一元素尚未得到全面的满足。

针对这样一种情况，跨境电商网站导航平台应运而生了。跨境电商网站导航平台是将各个跨境电商网站的网址集中到自己的平台上，一次性为消费者展现出来，从而为消费者提供了更多的选择，增加了“覆盖面”这一元素。跨境电商导航平台聚集了全球各地的跨境电商网站，将各种类型的跨境电商网站按照一定科目加以整理，使消费者在选购商品时一目了然，从而使消费者能够在最短时间内找到自己喜欢的商品，创造了“时间”这一元素。与此同时，由于提供了更多商品选择，消费者往往能找到更“物美价廉”的商品。

（2）营销方式

任何企业的商品都需要通过一定的营销方式才能吸引客户的眼光。传统找媒体做广告等营销方式成本高昂，且受众范围广泛，精确性上存在不足。

2. 基于跨细分市场的创新

回顾以往的研究可以发现，基于跨细分市场的创新往往通过比较分析若干个细分行业所展现的关键价值元素，从而寻找出内在有价值的搭配，以此来勾画出新的价值曲线，例如：

①购物与论坛的组合创新。与其他跨境电商的营销方式相比，“论坛营销”存在两个方面的优势：首先，通过论坛交流方式可以使消费者在某一专门板块了解自己所需商品的特性，从而能够以更短的时间找到最为满意的产品；其次，消费者可以在论坛讨论的过程中一边挑选商品，一边享受社交乐趣。

②购物与视频的组合创新。跨境电商企业可以将相关产品的生产流程以在线视频的方式公开，使消费者直接看到产品生产的现场环境，这有助于消费者对产品质量的深入了解，从而建立顾客与厂商之间的信任关系，促进供需双方交易的实现。由于在线视频具有实时性，难以作假，从而为顾客提供了一种更加可靠的网络购物方式，创造出一条全新的价值曲线。

四、价值创造系统构建

跨境电商企业通过顾客价值创新来发现新的客户需求，但这只是开始，要想迎合用户新的需要，企业就必须积极开发全新的产品，即搭建客户价值创造体系，而价值网络便是跨境电商企业可以利用的一个效率惊人的价值创造体系。

（一）价值网络的本质

在全球化趋势下，由于资源等要素的局限性，跨境电商企业并不能满足顾客的全部需求，因而必须寻找合作伙伴，大家相互帮助，从而为消费者提供更好的产品。在网络经济背景下，价值创造的关键就在于以客户为中心的价值创造系统的构建，即在专业化分工的基础上，通过一定的价值供给机制，按照一定的思路，将存在利益关系的企业聚集在一起，组成一个开放的价值网络，从而更好地为用户创造价值。

因此，价值网络本质上是一种战略思想，它以顾客价值为导向。一方面，顾客需求变化难以捉摸，跨境电商企业要想更好地满足顾客的需求，就必须不断改变所提供的价值主张，其最终结果将是整个价值网络的改变；另一方面，当前网络的连接方式不断受新技术的影响，迫使跨境电商企业采用新的方式来实现价值，从而促进整个网络的分解与重组。

（二）价值网络的构建

1. 价值链的分解

价值链分解即将价值链分解成若干子价值模块，这些子价值模块可以重新组合形成新的价值链，从而提高其创造价值的效率。这里，子价值模块是重组形成价值链的不可缺少的价值元素，即价值链中与企业产能有关的关键元素的集合，这些价值元素以一定的资源为基础，能够转化为独立运行的子系统，这些子系统能够与其他子系统进行紧密对接，从而形成新的价值创造与传递系统。

2. 价值网络的形成

为把握新形势下的各种机遇，提高企业实力，各价值链的拥有企业通过合作将价值链加以连接，从而形成企业的价值网络，这个网络包含竞争者、供应商以及渠道商。企业价值网络的出现，将各种资源能力集中在一起，通过不同模块之间的创造与合作，能够更好地满足顾客的不同需求。

企业价值网络的形成离不开企业的价值链和价值模块，当本来互不相干的企业发现通过合作能够使彼此的竞争力大幅提升，于是这些企业就会主动解构自身价值链，并积极寻求与其他企业价值链的全新搭配组合，这种组合的直接结果就是价值网络的形成。企业价值网络的形成，既包括内部价值网络的分解与集成，也包括外部价值网络的构建与延伸，同时，在此过程中，要努力融合内外价值网络。在模块化阶段，由于采取业务集聚战略，企业业务组合因内部价值网络趋于分解而不断压缩，因而企业主要发展核心业务，将一些不是很重要的业务转移到企业外部。同时，随着价值体系等要素的不断模块化，不同企业的关键竞争力因子得以融会贯通，从而形成企业外部价值网络，整个网络中到处都是相关企业价值的创新与分享。通过模块化集成企业内部价值网络，开辟出一条能够使企业汇入外部价值网络的途径，这些途径便是联结企业内外价值网络的“端口”，在这些“端口”的帮助下企业价值网络得以最终形成。

五、价值获取机制设计

由于跨境电商企业所提供的产品和服务存在普遍的网络效应和规模经济效应，因此“免费模式”在行业内十分流行。具体而言，免费只是一种手段，其最终目的在于把消费者吸引过来，扩大网络规模。跨境电商企业只有在免费的基础上，进一步探寻潜在的收入来源，才能实现赢利。

对收入模式的确定是企业成功获取价值的核心，因而跨境电商企业必须明确自身的收入对象和收入来源。收入对象表明企业准备从什么人那里赚钱，企业的服务可以提供给各个不同的群体，但很多时候，企业直接收费的对象只能是那些需求弹性小，对企业产品比较偏爱的顾客。收入来源表明企业准备以什么样的产品和服务来赚钱。很多时候，跨境电商企业仅对所提供价值内容中的少数几个环节收费，而其他环节则实施免费，这样的情况一般有两种可能：一是收费环节离不开免费环节的铺垫，跨境电商企业只有凭借对相关产品和服务实施免费吸引到足够多的客户，才能为下一步的收费打下基础；二是某些环节的溢出效应比较强，从技术上而言缺乏收费的可行性。

跨境电商企业对价值的获取主要可以通过两个方面进行：一是进一步拓展收

入对象，二是对收入来源进行积极创新。

（一）拓展收入对象——第三方收入

在收益不能来自已有顾客的情况下，企业就迫切需要将新的目标顾客吸引进价值网络，积极拓展网络参与者，由他们充当收入源。通过这种方式构建商业模式，可以使众多完全不同的顾客群体聚集在一起形成一个网络，各群体联系紧密，相互帮助，而此时企业就是一个“平台”，通过合理地从各方收取一定的费用，使各目标群体保持在这个平台上。

对跨境电商而言，第三方市场模式非常重要，跨境电商企业必须拓展第三方收入源，因为很多跨境电商利用免费策略占据一定市场份额后，并无法直接实现收入。例如阿里推出的速卖通，其借助“免注册费”策略吸引了大量商户，在非常短的时间内获得了可观的流量，然而，尽管这种方法在某些时候可以占领更多的市场，但它毕竟是对传统交易规则的挑战，容易致使跨境电商企业陷入盈利困境。在不能对用户直接收费的情况下，引进第三方市场将是跨境电商企业突破盈利困境的重要途径。

目前相关跨境电商平台的收入对象主要集中在信息用户、广告商和数据用户等，对于信息服务平台跨境电商而言，其第三方收入的主要来源是广告商提供的品牌广告和商品销售广告，这在未来很长一段时间内将是其拓展第三方收入的重点。需要警惕的是，在第三方市场的引进过程中也会产生一些不好的现象，比如负的外部性效应，其一旦出现，往往会使原客户群体的价值受损，而第三方市场这一新市场离不开原市场，发现原客户群体尚未显露的价值是新客户群体想要加入的原因，当顾客价值损失比较严重时，即使产品是免费的，他们也不会去消费。所以，跨境电商企业在引进第三方市场时，一定要充分考虑企业收入增加与顾客价值减少之间的关系，从而使顾客价值足够吸引更多客户。

（二）创新收入来源——“免费”增收

“免费”之所以也能给企业带来利润，是因为它的“免费”只是对企业提供的一些基础服务实施免费，而对一些增值服务则收取费用。这种盈利模式下用户可以分为两拨：一拨可以免费使用相关产品，而另一拨在使用相关产品时则需支付费用，企业对顾客实施免费是为了增加流量，而收费则是为了获得利润。

如何实现“增收”是这种创新的关键。从跨境电商企业的实际操作来看，他们主要有两种方式来获得增值收入：一是想办法识别顾客需求弹性的差异，对价值进行重新定位和定价，既提供基础免费产品，也提供收费产品，对于需求弹性较低的客户，他们一定会为收费产品买单，因为这些产品使他们获得了身体和心理上的满足。与此同时，信息产品充斥在跨境电商平台的各个角落，其成本微不足道，平台的成本并不随免费顾客的变多而提高，而更多免费用户的加入有利于制造火爆的视觉效应，从而吸引付费用户，增加企业收入。比如速卖通的Escrow，其仅在交易完成后对卖家收取手续费，而对买家实行免费，不收取任何费用，这样便可以更大限度地降低买家在购物上的花费，从而能够聚集更多的顾客，带来更大的销售额，这便是一种基于“免费增收”的模式来创新企业收入来源的方式。二是基于注意力经济学角度，通过优质的免费产品或平台将数目众多的用户吸引过来，从而形成一种渠道，用于向用户兜售其他产品，并最终获得收入。例如，速卖通通过提供“免注册费”吸引大量卖家入驻，获得了十分可观的流量，之后速卖通推出了直通车，从而以此渠道通过绑定方式获得巨额广告收入。此外，速卖通还通过提供信用贷款等增值服务来拓展收入来源。

通过对以上分析的总结可以发现：目前我国跨境电商商业模式的创新主要体现在以下四种现有模式上。

（1）信息服务模式

信息服务模式是通过为买卖双方提供信息发布或信息搜索服务的平台，从而促成双方达成交易，其主要盈利方式包括会员服务和增值服务。会员服务，即商家只要缴纳一定的费用就能成为会员，从而可以享受别人享受不到的各种特色便捷服务。增值服务主要包括竞价排名、点击付费及展位推广等服务。信息服务模式代表企业有阿里巴巴国际站、环球资源网等。在这种模式下，由商户自行上传关于产品信息的简介，电商是作为信息展示的中介存在，不涉及任何的实务产品，买卖双方通过电商平台获取对方信息之后可以进行绕过平台进行直接联系。信息服务平台主要代表公司是阿里巴巴国际站。阿里巴巴国际站主要为国内外买卖双方提供信息服务，它帮助国内中小企业向海外买家推广产品，从而获得订单，帮助企业实现低成本、高效率的海外市场拓展。其核心线上业务包括商机搜索与浏览、专用域名与商铺、中国供应商认证、网商活动，以及一系列的店铺装修、产品展示、营销、生意洽谈及店铺管理等一站式出口电商解决方案。其中阿里巴巴国际站推出了中国第一款出口电商多功能自动化营销软件——外贸机器人，可实现精准的产品信息海量发布和更新、多关键词全方位覆盖、关键词排名一键查询等功能。此外，其业务还包括管理软件、贸易通以及线下服务。其盈利模式主要包括会员费、广告收入以及针对会员推出的竞价排名、展位服务等增值服务收入。其竞争优势主要在于品牌优势和市场影响力。

（2）交易服务模式

交易服务模式是一种全新的跨境电子商务趋势，其在提供信息展示的同时，还在物流、支付及金融服务等方面进行了拓展，其代表企业为敦煌网。敦煌网作为第三方 B2B 跨境交易平台，成立于 2004 年，主要提供在线交易平台及相关的外贸服务，平台销售产品主要是电子产品、计算机及网络、婚礼用品等，主要目标市场是欧美、澳大利亚等发达市场，主要的盈利模式有两种：佣金收入和服务费模式。敦煌网作为一个在线交易平台，买卖双方在该平台上交易成功之后，买家将缴纳一定比例的交易佣金。另外由于跨境电商国际化，买卖双方对交易中涉及的服务有较高的要求，基于此特点，敦煌网采取收取服务费获利的模式，即向企业提供集约化物流、金融支付、代运营等服务，并收取一定的服务费。在物流方面，敦煌网采取了与包括 EMS、UPS、DHL、Fedex、TNT 在内的全球著名的物流公司合作的方式，通过积累订单拿到较低的折扣，也为商户节省了大量物流费用。而在支付方面，敦煌网不仅与国际著名的支付机构保持着长期的合作关系，例如 Money bookers、Western Union、Global Collect 以及 Worldpay 等，同时，还在新加坡、法国等国家开通了本地付款方式，买家只需要通过电子银行向指定银行账户转账即可完成付款，并且免除跨国转账的手续费。

（3）开放平台模式

开放平台模式涉及范围十分广泛，基本遍布跨境电商活动的各个环节，不仅公开提供买卖双方的相关信息，还开放包括商铺、产品、物流运输、货物存储、支付等众多业务，其典型的代表企业为阿里巴巴速卖通。在推广、物流、仓储和融资等环节，速卖通与合作伙伴共同为商家提供了方便快捷的出口贸易服务。速卖通的盈利模式是卖家将产品信息经过编辑整理放在速卖通平台上，发布到海外，物流类似国内的发货流程，通过国际快递交付商品，其收入主要来源于交易佣金（交易额的 5%），同时还包括一些增值服务费，如会员费、广告费等。

（4）自营平台模式

自营平台模式是指企业通过量身定做符合自我品牌诉求和消费者需要的采购标准，对原材料的采购、产品的制造、陈列、在线交易、运输配送全部统一进行。

不同于开放平台模式，自营平台上产品的来源和质量往往能够得到充分保障，这种模式比较有代表性的企业为兰亭集势。兰亭集势销售的产品中婚礼服饰、家装和3C产品占了绝大部分，其70%以上的产品都是直接从厂家进货，跳过了经销商等中间环节，在很大程度上缩短了供应链。此外，直接地与工厂合作也有效地降低了销售定制化产品的成本。兰亭集主要的运营模式是向海外个人消费者销售中国本土的商品，以采购及销售产品的中间差价来获取盈利。自2014年5月起，兰亭集势也开始通过商家入驻平台，提供本地化、订单履行、客户服务、开放数据4项服务，获取15%的佣金收入。此外，平台服务还包括网站联盟和销售代理两类运营推广服务，一方面，通过与合作网站联合推广商品吸引商户入驻；另一方面，代理销售商可将通过转发兰亭集网站上的商品信息完成接单，并通过兰亭发货完成交易。

第四章　跨境电商与区块链

第一节　区块链技术概述

一、区块链的概念

区块链（Block chain）开创性地建立了一种在不可信任的环境中以低成本建立信任的新型业务协作方式，凭借其自身独有的信任机制，实现了业务链的整体监管和信任。区块链技术起源于加密货币，目前正在快速地向垂直业务领域渗透，有可能成为数字经济时代的重要基础设施组件。

区块链的概念和定义，本书采用中国信通院（CAICT）《区块链白皮书（2018，2019，2020）》中的定义，中国信通院在《区块链白皮书》中从技术维度和业务维度两个维度给出了区块链的定义。

从技术维度上看区块链，它是多种技术的集成创新，实现了信息与价值传递的可信技术平台，其核心技术包括非对称加密、点对点通信网络和共识算法等；从区块链可实现的业务上看，区块链实现了多方参与、共同维护，并使用密码学保证数据传输和访问的安全，实现数据的难以篡改、一致存储且防止抵赖的记账数据库，比较典型的区块链数据存储结构为块—链形式。

二、区块链的起源及发展过程

（一）区块链的起源

在20世纪80年代，基于大卫·乔姆（David Chaum）提出的电子货币交易模型，首次实现了电子货币的交易协议，该模型提出了电子货币系统必须具备的两个特性：可问责记账和匿名性。第一个特性是可防止电子货币的“双花”（double-spend）和只允许该货币的拥有者使用该货币，匿名性是保护使用者的身份不容易被泄露。当时的协议并未完善地同时解决上述两个问题。

2008年美国次贷风险引爆全球金融危机，暴露出中心化金融系统的脆弱性，同年 11 月 1 日，在 P2P Foundation 网站上，中本聪（Satoshi Nakamoto）发布了比特币白皮书《比特币：一种点对点的电子现金系统》，借助区块链建立了一个不需要中心机构运营的、去中心化的数字货币系统，该系统同时解决了“双花”和匿名性的问题。比特币使用点对点网络、公私钥密码学和工作量证明机制保证其安全、可控和去中心化，第一次解决了在不可信互联网上的分布式共识信任问题。

综上所述，早期的电子货币体系、分布式系统和密码学等多种技术共同推动了比特币的出现，作为比特币的底层支撑技术，即区块链真正问世。

（二）区块链的发展

作为比特币的支撑技术，区块链技术迅速受到各社区和经济团体的追捧，研究领域已不限于发币，以下为区块链技术发展的三个阶段及其特征。

第一个阶段，比特币时代，该阶段区块链技术的研究也主要集中在如何发行虚拟货币及提高发行虚拟货币的区块链的安全性，这个阶段区块链的主要特征也是“一个链一种币”。第二个阶段，随着对区块链技术的研究，区块链 2.0 的平台结构和思想逐渐产生，其中核心的思想是实现了智能合约，把区块链的应用范围拓展到和传统金融行业的结合。该阶段典型的区块链技术就是以太坊（Ethereum），应用领域主要集中在金融服务。第三个阶段，梅勒妮·斯旺（Melanie Swan）在他的著作《区块链：新经济蓝图及导读》一书中将超越货币、金融范围的区块链归为区块链 3.0，他在书中强调，区块链技术在政府、工业、健康、文化、科学和艺术领域应用，它支持了广义上的行业应用。区块链和传统业务的结合，改变了传统业务的商业模式，是区块链的核心价值。

区块链在国内快速升温的“导火索”是在 2016 年 1 月 20 日中国人民银行在其官方网站上发表的一条新闻《中国人民银行数字货币研讨会在京召开》，官方首次公开对比特币底层技术，即区块链给予了肯定。这也为国内研究区块链技术在行业的应用提供了基本的政策支持。

（三）区块链的分类及其特点

按节点进入区块链的难易程度和方式，可把区块链分为公有链（Public Blockchain）、联盟链（Consortium Blockchain）和私有链（Private Blockchain），不同的区块链种类因其性质的不同可分别应用在不同的业务场景。

公有链。任何节点都可以自由地加入和退出，实现了完全的去中心化，共识机制一般采用工作量证明或者权益证明，用户对区块产生的共识形成的影响力取决于他们在链上的能力及拥有资源的占比。该类链的特点为：链上信息对所有节点公开可见，链上的用户都可以发送交易，也可以参与共识过程，生成新的区块。该链的缺点为：信息所有人共享，个人信息的隐私性得不到保证。它们一般适合于虚拟货币、面向大众的电子商务等业务，比如比特币网络和以太网网络。

联盟链，成员的加入需要经过联盟的审批，链上的读写和参与记账的权限按照事先约定的规则来制定，共识过程由预先选定的节点控制，可以根据应用场景来决定对外的开放程度，对信息的共享仅限于开放的参与节点，保密性要强于共有链。该类链的特点是信息只针对联盟内成员开放，节点的接入需要通过特定的网关，联盟链平台提供成员管理、认证、授权、监控和审计等功能。金融联盟链 R3 和 Linux 基金会超级账本（Hyperledger）项目都属于联盟链架构，其可应用与银行间的支付、结算和清算系统和跨境电商中的物流信、跨境支付等业务。

私有链，仅在组织内使用，外部节点不可加入，应用场景为在企业内部的数据库管理、审计等，价值主要是提供安全、可追溯、不可篡改及自动执行的运算平台，可以同时防范来自内部和外部数据的安全攻击。

（四）区块链的特征及应用价值

区块链本质是数字分布式账本，由一系列算法、技术和工具集构成，以分布式、不可篡改和可信的方式保证交易记录的完整性、可信和不可抵赖性，各参与方按照事先约定的规则达成共识并存储数据。

1. 区块链的特征

区块链有四个特征。

点对点的通信：区块链网络上的节点不依赖任何中心系统，节点之间可以直接相互通信，实现了去中心化。

分布式记账技术：分布式记账的账本在区块链网站上每个节点间传播，每个节点拥有一份相同的数据，这种设计既可以防止中心节点的故障导致账本丢失，也可以防止中心节点的不诚实造成的错误记账。

数据防篡改及不可抵赖：区块链技术使用非对称加密算法和哈希算法保证链上数据不被篡改和滥用，密码学保证了数据的不可抵赖性、完整性及数据源验证。

分布式共识算法：这是区块链的一个核心特性，区块链上的数据只有满足共识协议才可被写入链，该特性也是区块链去中心化和构建信任的基础。

区块链组合了以上技术，构成了信任的基础，因此可以构建一个去中心化的跨国自治网络，能以更低的成本、更高的可靠性和速度处理、协调经济交易行为。

2. 区块链的应用价值

区块链的核心价值是其去中心化的信用机制，同时，信用机制也是大部分经济活动的基石。随着移动互联网等 ICT 技术的广泛应用，网络空间的信用作为数字世界的基石也越发显得重要。在传统上，信用的维护是靠一个中心机构实现的，比如银行、交易中心及跨境电商平台，如果中心机构不可信，那信用就失去了基石，所以使用区块链可以解决跨境电商的信用问题，消除了中心机构的“超级信用”问题，也能保证信用机制的安全和高效运行。世界各国已经认识到区块链的价值，根据中国信通院《区块链白皮书》（2020）整理的各国政府块链项目类型分布，可以看到区块链技术在世界范围内已经应用到多个领域。

第二节　区块链技术在跨境电商中的应用及问题解决

从前几个章节中可以看出，虽然跨境电商行业保持高速发展，尤其是跨境 B2C 业务的增速已超过 B2B。也正是因为跨境电商的高速发展，造成跨境物流、跨境支付、跨境监管体系的建设未能跟上跨境电商的发展速度，产生了物流、支付和监管问题的出现，出现问题的原因包括信息流不能共享、信任基础不稳定等。区块链技术的特点是可以实现信息共享，也可解决信任问题，能从技术上解决以上问题，如何把技术和跨境电商商业模式结合是本节研究的问题。基于区块链的跨境电商生态能够获取各方的大量数据，记录购买者和售卖者的信息，记录商品的流转记录、海关的检验检疫记录等，在实现溯源、互信和信息沟通的基础上有效满足国家监管的需求。区块链与跨境电商信息系统的结合管理符合去中心化的思想，各参与方可平等地进行信息共享，行使相同的义务和权利。

一、基于区块链的跨境电商模式

（一）基于区块链的跨境电商模式框架构建

中国的贸易形式和市场环境异于境外，要保证跨境电商在全球内保持良性发展，贸易生态环境的建立要能保证彼此认可且标准要统一。区块链的信息共享和协同技术使用去中心化和一致共识增强信任，为良性贸易生态环境的建立提供技术基础，可保障跨境电商生态的蓬勃发展。传统的跨境模式以中心化的方式构建，其协作模式都以跨境电商平台为中心节点。

基于区块链的跨境电商模式，使用区块链的去中心化、分布存储和防篡改特性，可以建设成多元协同的平台，位于区块链平台上的各方根据其角色和功能组成利益共同体联盟，参与跨境电商平台上的数据共识，并可实现底层数据的共享，这样就可改变各参与方的功能定位，有利于多方协同，维持并推进跨境电商有序的发展。

（二）基于区块链跨境电商模式的特点

1. 基于区块链的跨境电商模式可促进交易主体多元协同，形成多中心化

跨境电商的供应链很长，涉及商品的生产方、采购方、仓储方、国内物流方、跨境电商平台方、海关（检验检疫及通关）、进出口贸易商、境内外消费者、银行、保险公司和第三方支付机构等，跨境电商的参与方在交易中心的位置在一定程度上反映在交易中占据的优势。区块链去中心化的价值，可保证跨境电商平台不被任何单独一方控制，在经营上可以兼顾多方的利益。

2. 基于区块链的跨境电商平台信用获取成本低

传统跨境电商的企业资质、商品供应链信息、用户数据及相关经营数据存储在中心化的平台中，监管机构和消费者很难获取到企业的真实情况；跨境电商的经营数据，企业一般不向外共享，第三方信用评估机构没有足够的数据分析企业的信用情况。

使用区块链之后，跨境电商的资质信息、用户数据、供应链信息及经营数据存储在区块链上，在保护隐私的情况下，根据真实有效的数据，给跨境电商各参与者进行信用评级，该评级对外可轻易查询，此举可保护诚信经营的企业和守法的消费者，提升消费者对该跨境电商的信任，同时也可打击非诚信的企业，保证诚信企业的利益，降低信用获取的成本。

（三）区块链在跨境电商中的应用场景

区块链是底层数据技术，针对跨境电商的特殊性，可适用区块链技术进行跨境电商产品的溯源、跨境电商订单及保险业务的智能合约和保护交易方的隐私数据。

区块链技术具有点对点组网、时间戳、智能合约等核心技术，能够与溯源、支付、物流等行业相结合。我国政府也逐渐重视区块链技术的应用发展，2018年以来不断出台各种政策促进区块链技术升级创新，推动区块链技术在各个领域

的深度融合发展。我国对区块链技术的政策态度不断向好，在2019年，国家网信办发布了《区块链信息服务管理规定》，建立健全区块链信息服务相关政策法规，保障区块链技术的发展。

区块链技术已经广泛地应用于跨境电商中。天猫国际开发了以区块链技术为基础的跨境溯源系统，实现了跨境商品信息的全程可追溯功能。如京东全球购上线的区块链系统，能够实现商品溯源、跨境物流实时监督等功能。根据《2020区块链溯源服务创新及应用报告》显示，入驻的电商企业在上线区块链防伪追溯服务后，营养保健和母婴奶粉类产品的销量分别提升了29.4%和10.0%；海产生鲜、营养保健、母婴奶粉和美容护肤类产品的品牌复购率分别提升了47.5%、44.8%、6.8%和5.2%。

1. 跨境商品质量溯源领域

区块链技术具有信息可追溯、不可篡改的特征，将其应用于跨境电商领域可以实现跨境商品信息的溯源，降低跨境商品出现质量问题的概率。天猫国际为了解决跨境商品面临的信任问题，以区块链技术为基础建立了跨境商品质量溯源系统。根据中国标准化研究院发布的《天猫国际跨境商品品质溯源体系评价研究报告》，天猫国际以区块链技术为核心建立的这套系统链接了跨境商品生产、运输、质检、海关申报等各环节。

根据消费者购买跨境商品的过程，质量溯源系统总共包括海外生产、海外运输、国内运输三个部分。在海外生产部分，主要涉及商品生产企业的实地验证，生产企业日常生产及库存商品的质量检验，生产企业生产产品下线后的国际物流装运监督等环节。在海外运输部分，主要涉及跨境商品流通渠道的验证，海外质检企业对商品进行抽样、送样检验并出具详细的检验报告，以及跨境物流企业在运输途中各节点的监控等环节。在国内运输部分，主要包括跨境商品从海外口岸运送至国内仓库的全流程串接，以及国内物流将商品送到消费者手中的物流信息上传等环节。区块链技术特有的分布式共识算法以及时间戳技术能够保证质量溯源系统中数据的真实性。以上每一节点所产生的信息都会以文件、数据或者视频的方式上传到质量溯源系统中进行加密，区块链技术保证了加密后的信息的真实性。这些信息作为消费者能够查询到的产品相关信息，能够加深消费者对跨境商品的了解。为了确保消费者查询到的跨境商品信息是唯一的，天猫国际采用特殊的工艺制作了商品溯源码以保证其无法被伪造和复制。消费者通过扫描商品溯源码就可以获得跨境商品的生产、质检、运输等信息，可以辨别商品的真伪，为消费者购买跨境商品提供正品保障，提高了消费者对跨境商品的信任度。

天猫国际的质量溯源系统，通过产品生产信息和溯源码从源头上保证了跨境商品的真伪，通过质检和运输环节上传的监控视频保证了信息的真实性，通过购买商品全过程信息的上链为消费者提供了查询商品真实信息的渠道和维权时的证据，成功地建立了一套能够把控跨境商品品质的溯源体系，解决了跨境电商所面临的信任难题。

2. 跨境支付领域

在跨境电商中应用区块链技术能够有效地提高跨境支付的安全性，降低跨境支付的信用风险。区块链技术独特的点对点组网技术，可以让交易双方跳过中间的代理机构，直接进行点对点的交流，降低支付代理机构过多带来的信用风险，更好地提升跨境交易的规模和效率。区块链系统中存有所有用户的信用信息，通过非对称加密算法，保证交易双方信息的隐私性和安全性，并通过智能合约功能确保交易活动的顺利进行。由于区块链系统中的数据不可以被篡改，交易双方能够通过查询对方的信用信息判断交易活动的可靠性，能够更高效地达成信任关系，提高跨境支付的效率。

2018 年 6 月，蚂蚁金服以区块链技术为基础建立了世界上首个区块链电子钱包，通过该电子钱包完成跨境支付只需要 3 秒。微众银行也基于区块链技术建立了机构间对账平台，成功将跨境支付的对账时间从 T+1 日缩短至 T+0，实现了跨境支付的日准实时对账。2018 年 9 月，中国银行也建立了区块链跨境支付系统并成功完成了中国与韩国两地之间客户的美元跨境支付业务。从以上的应用案例中可以看出区块链技术已经广泛地应用于我国的跨境支付领域，提高了跨境支付的效率并降低了跨境支付的交易成本，有效地解决了跨境电商进出口贸易中存在的付款时间长、手续费高、中间环节过多等问题。

3. 跨境物流领域

区块链技术具有智能合约、分布式记账、时间戳等特点，将其应用于跨境物流领域，可以建立一个安全高效的信任机制，能够将物流、监管、贸易、金融等跨境贸易参与者以平等的方式整合在一起，实现跨境物流各参与主体间信息和数据的互联互通。同时，基于区块链技术建立的跨境物流系统，可以保证交易信息全程记录并且真实可靠，实现对跨境物流运输过程的全程跟踪和溯源，优化跨境物流运输路径，解决跨境物流中存在的等待时间长、退换货难等问题。

京东集团积极探索区块链技术的应用，基于区块链技术建立了智臻链防伪追溯平台，实现了跨主体的信息采集功能，将商品生产、加工、包装、出厂以及仓储出入库、订单、物流等信息进行整合，打通了商品运输的全部环节。该平台应用区块链技术实现了物流运输途中的区块查询和节点监控等功能，为区块链技术在京东跨境物流领域的应用提供了技术支持。

京东物流不断地探索区块链技术与跨境物流领域的融合。2017 年 7 月京东跨境物流联合了 ebay 精选、沃尔玛等二十大誉满全球的品牌商以及亚致力等全球知名的货运服务商共同发起建立了跨境溯源联盟。在该联盟的成员中，还包括了中国出入境检验检疫协会和海关总署等权威机构。通过区块链技术，该联盟整合了跨境物流、海关、仓储等环节，与各个企业联手打造端到端的跨境物流体系，实现跨境物流全链路信息的整合和打通。2018 年 1 月，京东跨境物流加入全球区块链货运联盟，该联盟致力于建立物流行业的区块链应用标准，更好地促进区块链与物流行业的融合。2018 年以来，京东物流联合大量的国际优质物流企业，一起建立了端到端的跨境物流体系，从工厂直接链接到消费者手中，整合和打通了全链路的物流信息。京东跨境物流拥有超过 500 条的全球链路，基本涵盖了跨境电商领域中各主流商品的链路，能够联通全球大部分的货源国。截至 2020 年 7 月，京东国际已经有 1 万多种商品实现区块链全流程跨境溯源，消费者在京东国际购买商品后，可在订单中一键查询商品从海外原产地开始的运输信息、中国海关报关信息、清关信息、国内段运输信息等。

天猫国际也将区块链技术应用于跨境物流领域。通过区块链技术，消费者能够查询跨境商品的出厂信息、经停港口或机场信息、海关报关检验信息以及国内的运输信息等物流信息，将跨境物流运输的整个过程进行记录并上传到系统中，让消费者能够查询到各个环节的物流信息，提高消费者对跨境物流的满意度。目前，以区块链技术为基础建立的各种跨境物流联盟，已经覆盖了美国、德国、日本等国家，联盟中的商品也涵盖母婴、食品、化妆品等主要的跨境商品门类。此外，我国的一些跨境电商综合试验区也应用了区块链技术，为试验区以及跨境电商的发展提供动力。

跨境电商的快速发展为我国对外贸易提供了新的增长动力，跨境电商进口交易规模的迅速增长也在不断地改善我国的外贸结构。但跨境电商也面临着商品售假、物流运输时间长、跨境支付手续费过高等问题。区块链技术在跨境电商领域的应用为解决这些问题提供了一种新的思路。但是，区块链技术的应用还处于发展阶段，需要政府、跨境电商企业、跨境物流企业加强合作，完善应用区块链技术的法律法规体系，不断促进区块链技术和跨境电商的融合，保证区块链技术和跨境电商的可持续发展。

二、基于区块链技术跨境电商对现有模式的影响

（一）基于区块链跨境电商经营观念的改变

当前跨境电商的经营观念为依赖大型的跨境电商平台，平台实现了服务的聚合，作为中间商出卖聚合服务，实现聚合经济，而非共享平台经济。而且一旦平台被几个大型且集中化的平台所垄断，在该模式下平台企业的经营者开始追求高额利润为目的，且在该跨境电商聚合服务下，平台使用者的数据安全就会出现一定的威胁。

基于区块链的跨境电商的经营观念已不同于当前的跨境电商，基于区块链的跨境电商中的进出口贸易商、生产企业、物流企业和平台都是以节点存在，不依赖于任何第三方就可以完成交易，跨境电商平台不再是交易的中心，实现了真正的共享经济。在该模式下根据交易双方的性质和参与节点的数量可以同时实现B2B、B2C、C2C 多种服务，平台不再把追求超额利润作为目标，而是让“链上的交易可持续”，促进跨境电商联盟量的稳定运行，吸引更多实体进入联盟，丰富跨境电商联盟的服务，保护交易多方的最大利益；同时，因为基于区块链的跨境电商联盟平台不属于任何一个国家，也可消除各个国家对数据异地存储对本国构成贸易威胁的疑虑。

（二）跨境电商核心竞争力的改变

当前跨境电商的核心竞争力表现为：一是获取前端客流量。获取和沉淀有价值的客户，但是目前在多平台互相竞争的情况下，不管是获取流量还是获取有价值的客户，其成本都在增加，所以能有效且低成本地获取前端流量是跨境电商平台的一个核心竞争力。二是完善的采购供应链。跨境电商的采购是面向全球的采购，采购企业的信誉、采购商品的供货量、采购成本都是企业关注的问题，能掌握海外采购的供货率和稳定的货源，是跨境采购供应链的重要能力，也是一个跨境电商的核心竞争力。三是跨境国际物流。国际物流包含四个重要环节，分别是或外仓或保税仓、国际运输、清关和配送，其中清关能力是其中的重点，跨境电商能低成本、快速通关及保证国际运输能力也是其核心竞争力。

（三）基于区块链的跨境电商企业价值实现的改变

传统的跨境电商最终受益人是平台的建设方，为了让平台能持续经营，平台方采取收取入会费、交易费、商品展示费、促销费等各种方式实现跨境电商平台的价值，这在一定程度上损害了交易多方的利益，不利于跨境电商的发展。

对于基于区块链的跨境电商联盟来说，其搭建的目的是为所有参与者提供服务和价值，“平台用户是平台收益人”，保障区块链上信息的真实性、交易的便捷性恰恰就是区块链固有的特征，就能向链上用户提供优质服务，该联盟就可持续运营。北京大学魏炜教授指出，站在区块链的维度上进行企业设计时，企业价值的创造要超越传统企业边界，需要站在生态系统的边界，因此它打造的不再是一个单纯的企业，而是一个个的生态系统，所以基于区块链的跨境电商平台的价值实现的是整个跨境电商生态系统的价值，不再是单纯的某个企业的价值。

另外，在区块链跨境电商联盟中引入通证之后，参与区块链跨境电商交易，遵守规则信守承诺、贡献服务、贡献数据、参与共识都可获得通证奖励，通证在跨境电商联盟内部可进行价值流通，参与跨境电商交易的行为既是使用服务的行为，也是获取价值的行为。

三、基于区块链解决跨境电商中的问题

通过以上的研究，得出了区块链在跨境电商的总体框架及其可使用的业务场景，以下结合研究的内容，使用区块链解决跨境电商在发展中遇到的问题。

（一）使用区块链解决跨境物流问题

当前跨境物流不管是跨境专线、包裹邮寄，还是国际快递和海外仓储，遇到的主要问题是物流配送周期长、物流体系不完善和成本高，以下探讨使用区块链技术解决该问题的方案。第一，使用区块链作为底层物流数据基础，保障物流数据在跨境电商交易实体间的透明，也可保证仓储数据的正确性及安全性。第二，将区块链数据库与跨境综合服务平台和海关实时相连，实现海关监管的实时性。第三，使用大数据技术和人工智能技术，建立智能仓储管理平台，通过智能合约实现商品库存的动态管理。第四，基于区块链创建安全配送平台和智能调度程序，确保货物安全及时送达，并可实时监控配送全过程。第五，基于区块链的信息共享和通证构造智能客户服务体系和评价体系，消费者可进行对跨境电商进行评价，一方面提高消费者的满意度；另一方面完善整个跨境电商联盟的信用评价体系，并把通证作为信用担保使用。

（二）区块链解决跨境信任成本高的问题

跨境电商的信任问题表现在对商品质量的不信任、对电商平台的不信任、对商家的不信任。区块链的特点可避免中心化的平台单方面篡改商业机密数据，以强化跨境电商各参与对象之间的信任，如使用区块链技术实现的信任基础，打造一个可信的贸易环境，使跨境电商交易更安全和便捷，以下为使用区块链增加信任降低信任成本的解决路径：第一，基于区块链的商品溯源体系，能够彻底追溯商品的真实性，从源头保障商品可信任性，当商品源头可追溯，就可大幅降低假货的风险，可打消消费者对产品质量的疑虑；第二，基于区块链的物流跟踪体系，可解决物流信息孤岛问题，全程监控物流的整个过程，并且物流的每个节点都可以实时的跟踪和查询，从流通过程上增加消费者对商品的信任度，解决了消费者对物流过程出现意外情况的担忧，商品一旦损坏，追责容易，沟通成本也可降低；第三，基于区块链的跨境电商联盟，产品的生产方、销售方、物流提供方、消费者、海关和政府监管部门共同共识和维护各自利益相关的数据，对孤立的信息进行整合，打通信息壁垒，强化可信任数据。

（三）区块链解决跨境支付问题

当前跨境电商交易中关于跨境电商支付的主要问题为：跨境支付发展不平衡、跨境结算效率低下、跨境支付安全以及跨境支付成本高的问题，下面探讨基于区块链的解决方案。

第一种模式为使用区块链技术，不使用数字资产（不使用通证）模式。该模式下交易的实现不借助区块链的发币功能，区块链实现的是交易信息的链上记录，区块链技术可保证整个区块链交易中的信息透明可查和交易不可逆，从而保证交易中的信息安全。在该模式下交易达成条件可使用智能合约存储在区块链上，交易资金存储在第三方支付平台，交易达成时自动完成支付，可在一定程度上解决交易的安全问题及各个国家对数字货币的监管问题。

第二种模式为区块链跨境电商平台使用区块链技术，交易的数字资产借助比特币、以太坊和瑞波币等外部链实现。该模式的运行方式为，在跨境电商进行交易时，先在公有链买入数字货币，并把支付合约写成智能合约存储在公有链上，交易完成时使用共有链上的数字货币完成交易。该模式可解决支付去中心化、跨境支付安全和效率低的问题，另外交易成本也比通过中心化的第三方（比如 SWIFT）成本要低。

第三种模式为借助 LIBRA.DECP 等稳定币的模式实现跨境支付。比如如果使用 DECP 作为支付币，可在 DECP 链的基础上使用重叠网（Overlay network）技术构建支付侧链，参与方在侧链的基础上实现交易，如果需要引入 LIBRA 等其他稳定币，则可以在区块链跨境电商联盟链基础之下构建一个和其他链对接的超级钱包，使用超级钱包功能实现多种稳定数字货币的支持。

跨境电商可结合使用以上几种模式，解决跨境支付安全、低效率和高成本的问题，在此基础之上，信息流和资金流将统一到区块链之上，也解决了交易数据格式不统一的问题。

（四）区块链解决跨境电商海关监管问题

海关在对跨境电商监管的主要问题是企业分类评估信息缺失导致的风险管理困难和获取信息方式不便捷导致的监管效率不高。基于区块链可在以下几个方面改善海关监管种存在的问题。

第一为区块链信息协同，服务于海关监管。使用区块链统一跨境电商联盟的信息协同，实现全网获取数据信息，应用于跨境电商产品溯源、物流信息跟踪，完善数据的完整性，使数据服务于海关监控;另外，基于区块链的电子存证应用，可防止证据的篡改，可应用于海关监管中的事前风险预防、事中风险识别和事后审计，提高跨境电商交易中各种单据的真实性，也可通过单据上链、链上信息真实性验证功能，审查出瞒报行为。

第二为海关和企业合作，促进数据共享和重用，加快通关效率。目前海关通过统一通关平台实行企业自行信息填报，一是数据的真实性难以保证，二是海关获取的数据量有限，不能应用于大数据分析，进行风险识别分析。可以把海关纳入区块链跨境电商联盟，与现有区块链联盟上的企业实现数据对接，实现数据重用，而不是反复进行信息复制与对账来提高效率，减少成本；同时，海关和企业的合作也可严格监管企业的信用资质，保障合法跨境电商企业的利益。

通过上述措施，实现海关的跨境电商综合服务平台、跨境支付平台、跨境物流平台、供应链智能平台、信用风险管理平台的对接，实现提高监管水平、风险控制和实现高效的通关效率。

（五）使用区块链解决数据跨境流动的对策

国内外的学者已经认识到了数据跨境流动的监管问题，给出了完善数据跨境流动的法律法规、建立数据跨境流动监管体系的建议；从法律、规范、合同多方面给出了引导数据跨境流动合规性的建议，并提出加强国际间合作，形成数据互认的“白名单”方案。基于数据自由流动和安全流动的原则，研究了数据跨境流动制度建设的问题，针对“静数据”（数据存储）和“动数据”（数据的处理、使用和监控调取）采用不同的处理方法。以上学者观点的共同点是提到了数据分类及其数据主权归属及有价值使用问题，跨境电商中的数据可能涉及企业的商业秘密、个人隐私等，如何界定数据的分类和使用对跨境电商的发展有很大的影响作用，下面探讨基于区块链的解决方案。

第一，解决数据分类问题。除了在立法上给数据安全等级分类，还需要将这些类别应用到跨境电商实际产生的数据上，在此可借助机器深度学习算法，使用人工智能自动给数据打标签，在跨境电商的数据进入区块链之前，自动给数据分类，然后在区块链上部署智能合约。智能合约中用代码的方式，控制涉及国家安全、商业秘密、个人隐私等数据的出境，使跨境电商区块链的应用合规，既符合国家法律监管的要求，又能保证链上安全数据的跨境流动。

第二，使用区块链上普遍使用的零知识证明（Zero-Knowledge Proof）算法，该算法的好处是既能向证明者证明自己所拥有的权益，又不泄露自身的信息。有专家在研究基于数字承诺的区块链交易金额保密验证方法时使用了零知识证明，并验证了该方法对数据保护的安全性。该措施可以解决跨境电商个人隐私数据、商业秘密数据等禁止出境数据的使用问题，比如在境外要使用个人的信用及企业的信用时，可以通过该方法解决。

第三，使用类似比特币区块链网络上的彩色币协议，把跨境电商网络上的数据资产化，每一条数据附带一定的代币，要使用数据就需要转移一定的价值给数据的拥有者，该方法保证数据的有偿使用，也能跟踪数据的使用链，防止数据被误用及恶意修改。

通过以上基于区块链的三点解决办法，再结合世界各经济体的监管措施，可解决跨境电商数据跨境流动的监管问题。

四、基于区块链的跨境电商实操中的不足及建议

（一）区块链在跨境电商应用中存在的问题及不足

1. 区块链跨境电商法律法规上的局限性

虽然当前跨境电商的法律跨境已经初步形成，但都是针对当前的跨境电商模式设计的，针对“区块链 +”跨境电商新形态的法律基础基本属于空白，其主要

表现为跨境电商区块链分布式账本中记录的各参与方的数据该如何确认法律效力；另外，是当前《合同法》规定的关于合同订立、生效、终止和争议裁决是否使用于区块链上的智能合约；还有，跨境电商贸易包含多个国家之间的贸易实体，各实体之间适用的法律和法规都不相同，如何适用法律目前还未有统一的标准。

2. 区块链技术面临的挑战

区块链技术面临的挑战，一方面来自区块链网络的结构性问题，另一方面是其可扩展性和安全性问题。

第一，区块链在可扩展性上存在不足，其可扩展性是该领域的重要研究问题，区块链上的交易需要多方共识验证，且每个区块的大小和共识的时间都影响业务形成的速度，进而影响系统的吞吐量，现在的区块链只能处理相对较少的交易，而在改善系统扩展性上，目前能够做到无限扩展的几乎没有；跨境电商的业务复杂，需要共识的交易更多，区块链扩展性的不足在一定程度上影响区块链在跨境电商交易中的使用和商业模式的创新。

第二，区块链上信息隐私保护问题。在存储上，区块链上数据需要共识和共享，其存储是多方共同存储相同的数据，任何一方的信息泄露将暴露全部共识的信息；大数据计算的出现，容易从区块链上共享的交易数据中推导出参与交易的所有细节，暴露贸易方的商业秘密和知识产权信息。

第三，区块链技术发展未成熟带来的安全问题。区块链安全主要涉及两大类：一是区块链＋产业生态的安全（如电子交易、版权）；二是区块链＋政务（如身份验证、存证等）。区块链安全主要内容包括：技术安全，例如智能合约以及虚拟机的安全、密码学与网络安全、存储安全等；应用安全，例如金融安全、审计安全等；监管安全等。

第四，区块链跨链还不成熟，基于区块链的跨境电商联盟在需要和外部的公有链或其他联盟链共识和传递价值时，目前还没有成熟且效率比较高的方案，局限了区块链在跨境电商中的使用场景。

（二）问题应对策略

第一，协调法律法规，制定统一标准，建立既能适应中国国情又能和国际接轨的政策；强化顶层设计，赋予跨境电商特有的政策功能；加强各部门协作，解决政策法规执行不一致问题；加强国际合作交流，借鉴国外政策意见，使国内跨境电商体系融入国际市场。

第二，区块链技术上发展的不足可以通过以下路径解决：其一，推动我国自主可控区块链技术的发展，确立区块链技术研发优势，进行核心技术攻关，促进区块链开源社区建设；其二，国家可以设立专项资金，应用于区块链基础理论与核心技术研发，突破区块链在可扩展性、安全性和跨链技术的瓶颈，使区块链的技术平台化和模块化；其三，改进现有区块链的共识方法，研发新的算法，避免计算能力的集中。

第三节　理论模型构建及研究假设

通过分析区块链技术在跨境电商中的应用现状，可以发现区块链技术主要应用于跨境商品、物流、支付领域。本节以技术接受模型为基础建立了研究模型并提出了相应的研究假设。

一、理论模型构建

（一）技术接受模型

技术接受模型是学者戴维斯（Davis）在研究用户如何接受一个信息系统时建立起来的研究模型，最早应用于计算机信息系统领域。早期的技术接受模型主要研究用户的感知有用性和感知易用性对用户使用态度的影响，而用户的使用态度会进一步影响用户的行为意向，最终决定用户实际使用系统的行为。在后续的研究发展中，技术接受模型经历了三次重大的改变。第一次改变主要是增加了影响感知有用性的前因变量，将技术接受模型进行拓展。第二次改变主要是将八种理论模型进行结合，形成了一个综合性的整合型技术接受模型。第三次改变主要是增加了影响感知易用性的前因变量，又一次深化了技术接受模型。

技术接受模型经过改进和完善以后，被广泛地应用于各种领域的研究之中。例如，在社交工具领域，通过技术接受模型可以研究使用者对各种社交软件使用意愿的影响；在跨境电商领域，跨境电商网站的质量对消费者购买意愿的影响也可以运用技术接受模型来进行研究。互联网技术的不断革新，让各行各业的发展都离不开互联网技术的支持，通过技术接受模型分析这些行业发展中出现的新现象具有一定的理论和现实意义。

（二）模型构建

本节以技术接受模型为基础，将自变量跨境电商区块链系统质量划分为商品信息质量、物流服务质量、支付安全性三个维度，以感知有用性和感知易用性为中介变量，以消费者购买意愿为因变量，构建了理论模型。

在理论模型中，为了研究区块链技术应用对跨境电商消费者购买意愿的影响，本节将跨境电商区块链系统质量作为外因变量，并将跨境电商区块链系统质量分为商品信息质量、物流服务质量、支付安全性三个维度。其中，商品信息质量是指消费者通过跨境电商区块链系统进行跨境购物时所获得的商品生产企业认证、商品质检报告等跨境商品相关信息的详细程度和可靠程度。物流服务质量是指跨境电商区块链系统满足消费者对于跨境物流需求的能力，通常包括运输时间、运输商品的外包装质量、物流配送信息等因素。支付安全性主要是指跨境电商区块链系统在提高跨境支付效率、保障跨境支付安全性等方面的能力。

在理论模型中，主要包括感知有用性和感知易用性两个中介变量。感知有用性通常是指用户感受到的信息对自身的有用程度。本书中的感知有用性具体是指消费者通过跨境电商区块链系统获取的商品、物流、支付等相关信息对作出购买决策是否有所帮助的一种主观感受；感知易用性是指消费者对使用跨境电商区块链系统的难易程度的一种主观感受。

二、研究假设

（一）跨境电商区块链系统质量与消费者购买意愿的关系

王连英等研究发现宣传时应提供丰富真实的信息，这样就可以提高消费者对产品的了解程度，进而对消费者的购买意愿产生显著的影响。吴自强研究发现网页上能提供的产品信息描述越详细，消费者的购买意愿越高。丰富细致的产品信息可以增加消费者的感知，进而减少不确定性，商家应该提供更加详细真实的信息，提高消费者的购买意愿。跨境电商区块链系统能够提供详细真实的产品信息，可以提供可信的产品质量检验报告，进而提高消费者的购买意愿。

在消费者购买跨境商品时，跨境物流起到核心链条作用。易舒心研究发现顾客在跨境电商平台购物过程中，能不能查到所购买的跨境商品的运输信息，能不能提供高效的报关清关服务，是影响消费者购买意愿的重要因素。朱永明等研究发现跨境物流服务质量能够显著提高消费者的感知价值。所以，如果跨境物流能够提供完善的售后服务，保证跨境商品在运输过程中不发生破损，降低跨境物流的运送时间，会提高跨境电商消费者的购买意愿。

在跨境支付的整个交易过程中，通常会涉及众多的参与主体，每个参与主体中都保存着客户的信息，这会提高客户信息泄露的风险。在跨境支付的全过程中，任何一个环节的安全保障措施出现问题，造成客户信息的泄露，都会损害客户的利益。卢强等研究发现在网购环境下，消费者主要考虑的就是网络支付的安全性问题。网络支付安全性问题导致消费者担忧他们的个人信息和财务信息在互联网上泄露并产生损失，从而影响消费者的购买意愿。跨境电商区块链系统能够直接提供端到端的跨境支付方式，减少跨境支付的中间层级，降低跨境支付安全风险。消费者对跨境网购有较高的安全性感知时，会促进消费者的购买行为。

基于以上分析，提出如下假设：

H1: 跨境电商区块链系统质量对消费者购买意愿有直接的正向影响。

H1a: 商品信息质量对消费者购买意愿有直接的正向影响。

H1b: 物流服务质量对消费者购买意愿有直接的正向影响。

H1c: 支付安全性对消费者购买意愿有直接的正向影响。

（二）跨境电商区块链系统质量与感知有用性的关系

由感知有用性的定义可知，跨境电商区块链系统质量的三个维度都会对感知有用性产生影响，具体分析如下：

1. 跨境电商区块链系统商品信息质量与感知有用性的关系假设

网络技术的发展使得网络上的信息变得越来越多，这增加了人们识别有效信息的难度。由于网络连接的限制，消费者难以获得跨境商品的信息，也无法辨别商品信息的真实性。消费者只能通过商家在网络平台上展示的产品详细信息来获得一些关于产品的介绍。网页上的产品介绍会着重展示产品的优点，基本上都是积极正面的信息，这会让消费者产生过高的期望值。当实际收到的商品与期望获得的商品之间的差距过大时，消费者的满意度就会下降，导致了跨境商品投诉比例的不断攀升。跨境电商区块链系统让商品信息易于记录的同时保证了商品数据信息的可靠性。利用区块链技术实现商品信息的录入，可以让消费者对跨境商品来源、代理商等进行全面了解，确保商品真实可靠。跨境电商区块链系统增加了消费者获取商品信息的途径。通过区块链系统，消费者不仅能够知道商品生产企业的信息，还能够获得商品生产、包装、质检等流程的详细信息，让消费者在较短时间内就能查询到想要了解的信息，提高消费者的购物效率。

2. 跨境电商区块链系统物流服务质量与感知有用性的关系假设

目前，跨境物流至少要经过两个国家，存在时效慢、国际物流信息不透明、通关慢等问题，严重影响消费者的跨境购物体验。在购物过程中，消费者无法查到跨境物流信息，无法合理地判断商品的到达时间。在收到商品后，如果商品有破损、缺件等售后问题，也无法准确判别出现问题的环节，导致消费者退货困难，理赔周期较长。跨境电商区块链系统利用区块链技术的可追溯特性和时间戳技术，建立跨境货物仓储和运输全程监控系统。消费者通过跨境电商区块链系统能实时查询物流信息，对跨境商品运输过程进行全程监控，可以提高消费者的购物效率。

3. 跨境电商区块链系统支付安全性与感知有用性的关系假设

跨境支付需要通过多层中介机构，导致跨境支付手续费较高，有一定的交易风险。跨境电商区块链系统利用区块链技术的分布式账本技术，减少支付过程中的中间环节，实现终端与终端的直接连接，能够在降低手续费的同时提高支付安全性。

基于以上分析，提出如下假设：

H2: 跨境电商区块链系统质量对感知有用性有直接的正向影响。

H2a: 商品信息质量对感知有用性有直接的正向影响。

H2b: 物流服务质量对感知有用性有直接的正向影响。

H2c: 支付安全性对感知有用性有直接的正向影响。

（三）跨境电商区块链系统质量与感知易用性的关系

在购买跨境商品时，消费者面临的一个重要问题是无法方便、快捷、高效地获取有用的信息。消费者与商品分隔在两个不同的国家，导致消费者获取商品真实信息的途径变少。一种途径是联系到商品所在地的居民获取信息，通常这种途径的适用范围很小；另一种途径是通过网络搜索的方式获取相关商品信息，但由于网络界限的隔离，消费者通过这种途径获得的信息也比较少，并且信息的真实性无法确定。跨境电商区块链系统能够提供图片、文字、视频等多种多样的信息。消费者只需要扫描溯源码即可看到商品认证信息、关键节点的监控视频等信息，简单易用，操作便捷。

基于以上分析，提出如下假设：

H3：跨境电商区块链系统质量对感知易用性有直接的正向影响。

（四）感知有用性、感知易用性与消费者购买意愿的关系

在技术接受模型中，感知有用性和感知易用性共同决定了使用意愿。具体而

言，如果用户能够通过使用这个信息系统获益，那么用户就会提高对这个信息系统的使用意愿。如果这个信息系统对用户来说不需要耗费太多的时间就能学会如何使用，用户接受这个信息系统的概率就会提高，进而提升对这个信息系统的使用意愿。在本节中，感知有用性是指用户认为使用跨境电商区块链系统可以提高其购物效率的程度。林宝灯等研究发现，在购物时能够节约时间、获得自己想要的产品信息时，消费者会更愿意选择在跨境电商平台上采购生鲜农产品。跨境电商区块链系统能够提供企业认证信息、产品质量检验报告、物流监控等信息，能提供更加全面的跨境商品相关信息，减少消费者自己筛选有用信息所耗费的时间，提高消费者进行跨境购物的效率。

基于以上分析，提出如下假设：

H4: 感知有用性对消费者购买意愿有直接正向影响。

H5: 感知易用性对消费者购买意愿有直接正向影响。

（五）感知有用性在跨境电商区块链系统质量与消费者购买意愿之间的中介作用

有用的信息能提高消费者的购物效率。根据技术接受模型等相关理论可知，消费者对跨境电商区块链系统的感知有用性是购买意愿的基础，一些外部变量会影响消费者对跨境电商区块链系统有用性的感知，进而影响消费者的购买意愿。研究发现用户能够获取的关于产品信息的丰富程度，能够通过感知有用性的中介作用，间接地对购买意愿产生正向影响。我们结合信息系统成功模型与技术接受模型，构建了购物网站服务质量、推荐系统质量和推荐信息质量对感知有用性、感知易用性和推荐采纳意向的影响模型，运用结构方程模型分析数据发现，购物网站服务质量、推荐系统质量和推荐信息质量，通过感知有用性的中介作用对推荐采纳意向产生显著的正向影响。研究表明感知有用性在网络口碑质量、时效性与消费者购买意愿的关系中具有中介效应。对于跨境商品来说，从下单到商品送达消费者手中需要经过漫长的运输过程，这提高了消费者购买和退货的时间成本。消费者需要获取更多与商品、物流相关的信息，提高消费者的购物效率。跨境电商区块链系统能够提供商品质量检验、物流实时监控等信息，这可以提高消费者的感知有用性，进而影响消费者的购买意愿。

基于以上分析，提出如下假设：

H6: 感知有用性在跨境电商区块链系统质量与消费者购买意愿之间起中介

作用。

（六）感知易用性在跨境电商区块链系统质量与消费者购买意愿之间的中介作用

根据技术接受模型，一些前因变量会影响感知易用性，进而影响系统的使用意愿。研究发现，当技术接受模型用于研究对技术所提供信息的采纳，而不仅限于对技术本身的接受时，感知易用性能显著影响用户对信息采纳结果的预期，提高其购买意愿。跨境电商区块链系统通过扫描溯源码的方式就能够提供跨境商品的质检、物流等信息，缩短了消费者获取有用信息的时间，提高消费者的感知易用性。跨境电商区块链支付系统能够减少跨境支付的中间层级，减少传统跨境支付流程过多的开户、审核环节，节省消费者的时间，进一步提高消费者的感知易用性。烦琐的操作流程会增加消费者使用系统的难度，进而降低消费者的购买意愿。当消费者在跨境购买时对系统操作流程感知简单，会增强消费者的感知易用性，提高消费者对系统所提供信息的采纳意愿，进而影响消费者的购买意愿。

基于以上分析，提出如下假设：

H7: 感知易用性在跨境电商区块链系统质量与消费者购买意愿之间起中介作用。

第四节　区块链技术与跨境电商消费者

跨境电商消费者购买意愿主要是指，消费者在经过寻找目标商品、筛选对比目标商品的过程后，购买一件商品的可能性。在做出最终购买决策的过程中，有很多因素可以影响消费者的判断，进而影响消费者购买该商品的可能性。目前，学者对跨境电商消费者购买意愿的研究主要集中在跨境电商网站服务质量、在线评论、消费者感知体验等方面。

对于跨境电商消费者来说，购物是在网络上进行的，消费者主要通过跨境电商网站获取购物线索，因此，跨境电商网站的设置和服务的质量会对消费者购买意愿产生一定的影响。

一、区块链技术对跨境电商消费者的影响

跨境电商的快速发展面临着各种各样的问题，例如虚假跨境物流、产品质量不合格、跨境支付不安全等。而区块链技术的出现，能够保证区块链上链信息的真实性，让跨境电商将跨境网购流程与区块链技术结合在一起，形成了跨境电商

区块链系统。该系统能够提供更加详细真实的产品质量信息、跨境物流信息，提供更安全快捷的跨境支付方式，较好地解决了跨境电商面临的难题，更好地满足了跨境电商消费者的网购需求。本节结合跨境电商区块链系统的实际应用情况，在总结已有研究的基础上，以技术接受模型为基础建立研究模型，探究跨境电商区块链系统质量的三个维度，包括商品信息质量、物流服务质量、支付安全性对跨境电商消费者购买意愿的影响。同时探讨了感知有用性和感知易用性在跨境电商区块链系统质量与消费者购买意愿之间的中介作用。通过调查问卷收集数据并进行实证分析，得到以下研究结论。

第一，跨境电商区块链系统质量中的商品信息质量、物流服务质量、支付安全性三个维度对消费者购买意愿具有显著的正向影响。数据分析结果显示，物流服务质量与消费者购买意愿的回归系数为 0.408，在三种因素中其对购买意愿的影响是最大的，商品信息质量和支付安全性的回归系数分别为 0.231 与 0.258，表明这两个维度对购买意愿的影响相对小一些。上述分析数据进一步说明消费者在网购过程中，更注重跨境物流的服务质量。跨境网购与传统国内网购不同，国内购物现在基本上都能实现次日达，而跨境网购由于物流至少要经过两个国家，基本上需要一个星期左右的时间商品才能到达消费者手中。大多数国内物流企业已经与各网络购物平台合作，消费者可以直观地看到物流路线地图，能够看到物流经过的各个服务节点，还能准确地预知商品的到达时间。而跨境网购涉及多个国家的多家物流企业，无法很好地让各物流企业进行信息共享，形成一个统一的跨境物流信息查询平台。因此，消费者跨境购物之后并不能看到跨境物流信息，也无法准确预知商品的到达时间。现在国内网购基本上都会附带运费险，消费者退换货非常方便快捷，但消费者跨境网购之后的退换货流程非常复杂，耗费的时间很长。跨境电商区块链系统基于区块链技术建立的跨境物流系统，能在保证跨境物流企业信息安全性的同时将跨境物流信息汇总至区块链系统中，打破“信息孤岛”，形成一条完整顺畅的跨境物流信息链。消费者通过跨境电商区块链系统进行购物，可以看到跨境物流实时信息，在一些关键节点上还附有商品的检验信息，保证商品完好无损，并且在退换货时可以直接找到出问题的环节，退换货更加方便快捷，进而提高了消费者跨境购物的意愿。

第二，感知有用性在跨境电商区块链系统质量对消费者购买意愿的影响中起部分中介作用。这说明了消费者在通过跨境电商区块链系统进行网络购物的过程中，对跨境电商区块链系统能够提高其购物效率的感知可以间接影响购买意愿。在跨境电商区块链系统质量与感知有用性的关系中，物流服务质量与感知有用性之间的回归系数为0.413，绝对值是最大的，也说明物流服务质量对感知有用性的影响是最大的，商品信息质量和支付安全性与感知有用性的回归系数分别为0.284和0.208，相对较小，因此这两个因素对感知有用性的影响相对较小。消费者在网购中通常要面临很多的商品信息，但其中只有少部分是消费者真正需要的信息。跨境电商区块链系统所提供的商品、物流、支付等信息和服务的质量越高，就越能减少消费者搜索信息所花费的时间，提高消费者的购物效率，增强消费者的感知有用性，从而进一步提高消费者的购买意愿。当消费者在不同的跨境电商之间进行购买决策时，消费者也会更愿意在那些能够提供切合消费者需求的信息和服务的跨境电商中购买商品。

第三，感知易用性在跨境电商区块链系统质量与消费者购买意愿之间起到了部分中介作用。说明消费者在通过跨境电商区块链系统进行网络购物的过程中，其对跨境电商区块链系统是否简单易用的感知可以间接影响其购买意愿。在感知易用性与跨境电商区块链系统质量的关系中，物流服务质量与感知易用性之间的回归系数为0.408，在三个维度的回归系数中是最大的，也说明物流服务质量对感知易用性的影响是最大的，商品信息质量和支付安全性与感知易用性的相关系数分别为0.235和0.278，相对较小，因此这两个因素对感知易用性的影响相对较小。跨境电商区块链系统设计得越简单易用，消费者通过该系统获取信息的过程就越简单，这会增强消费者的感知易用性，进而对消费者的购买意愿产生正向影响。

二、区块链对跨境电商消费者购买意愿建议

通过对实证检验结果的探讨与总结，我们对区块链技术应用对跨境电商消费者购买意愿的影响机制有了进一步的了解，结合当前区块链技术在跨境电商中的实际应用情况，提出以下建议，为跨境电商更好地应用区块链技术来提高消费者的意愿提供助力。

第一，加强区块链技术在跨境物流中的应用，进一步提高跨境物流的信息化水平。通过研究发现，在消费者通过跨境电商区块链系统进行购物的过程中，物流服务质量的提高可以增强消费者的感知有用性，进而提升其购买意愿。跨境电商企业可以通过区块链技术将跨境物流所涉及的参与主体联结成一体，将各个

主体中与跨境物流有关的信息都上传到区块链系统中，实现对跨境物流的实时跟踪，划清跨境物流各参与主体之间的责任，解决虚假物流、退货追责难等问题。还可以运用区块链技术中的智能合约技术，根据相关法律法规的要求以及海关的有关标准自动将跨境商品进行分类标识，提升跨境物流清关的效率。这样就可以更好地满足消费者对于跨境物流服务质量的要求，实现跨境物流整体链条中信息的互联互通，提高跨境电商消费者购买商品的可能性。

第二，扩充跨境电商商品区块链溯源体系，提供更详细真实的跨境商品信息。通过本节的研究发现，跨境电商区块链系统提供商品信息的质量能够有效提高消费者的购买意愿。跨境电商可以将区块链技术与物联网、射频识别等技术相结合，获取跨境商品生产、质检等数据，通过多种渠道保证上传到区块链系统中的商品信息的安全性和可靠性，更好地实现跨境商品品质防伪溯源功能。通过为跨境电商消费者提供跨境商品的生产商、质检报告等信息，能够帮助消费者更好地了解跨境商品，为消费者提供查询跨境商品信息的渠道，增强消费者对于跨境商品的信任感，进而促进消费者购买跨境商品。

第三，提高跨境电商区块链系统的易用性，推广跨境电商区块链系统的受众层面。本节研究发现，相比于感知有用性来说，消费者更加重视跨境电商区块链系统的感知易用性。消费者对区块链技术的了解不多，对于区块链技术在跨境电商的应用有了解的消费者更少。大部分消费者并不愿意花费时间和精力去了解和尝试一套新的系统。因此，跨境电商要更注重区块链技术的推广工作。目前，天猫国际、京东全球购等跨境电商平台都开始将区块链技术应用于各自的平台中，但是关于区块链技术的宣传却很少，消费者很难在日常的生活中了解到区块链技术应用于跨境电商中带来的各种好处。因此，跨境电商可以加强对区块链技术的宣传，主动介绍区块链技术的优点，着重宣传跨境电商区块链系统简单易用、安全可信的特点。跨境电商还可以通过一些活动吸引消费者购买运用区块链技术的商品，例如低价补贴、赠送积分等活动。跨境电商应该积极参与利用区块链系统进行网购的新型购物方式，加大宣传力度，培养消费者通过跨境电商区块链系统进行网购的习惯，提高跨境电商消费者的购买意愿。

第五章　跨境电商与供应链重构

第一节　供应链重构视域下我国跨境电商发展现状

一、供应链重构概述

供应链的概念最早在20世纪80年代提出，指围绕核心企业，从配套零件开始，制成中间产品以及最终产品，最后由销售网络把产品送到消费者手中的、将供应商、制造商、分销商直到最终用户连成一个整体的功能网链结构。全球供应链在世界政治、经济、文化等因素的推动下，不断地解体、重构和升级。一般来说，全球供应链的变革是由产业链变革引起的，历史上全球性的产业链变革一共发生过四次。这四次全球性的产业链变革普遍是由低附加值向高附加值产业演进、产业转出国家受内部变化或外部压力而进行产业转移或升级，全球供应链变革便跟随着产业链变革发生变化。纵观历史，发达国家普遍经历过产业链和供应链的结构性重构和升级，当前，全世界正在经历第五次供应链重构的变革，这里的两大时代背景主要指中美贸易摩擦和新冠肺炎疫情。整体来看，这次供应链重构有两大特征：

（一）呈现从发展中国家向发达国家回流或回归现象

一方面，在新冠肺炎疫情冲击下，发达国家需要保护国家供应链安全，故以政府补贴方式鼓励位于其他国家的制造业部门向本国或利益密切相关的同盟国家回流和迁移，与此同时对来自其他国家针对本国重点产业链企业的收购、兼并和投资等行为采取严格的审查和监管制度，以此来保护本国的重点产业链和战略新兴产业的国际竞争优势。另一方面，在美国等发达国家强化实施贸易保护主义的影响下，全球贸易规模可能陷入停滞甚至出现较大幅度收缩，发展中国家传统制造业的出口市场必然面临竞争加剧，出口企业利润大幅度降低，导致发展中国家参与全球供应链体系的动力和意愿也有可能会逐步弱化，这样恶性循环会加剧既有全球供应链体系的收缩现象。

（二）地区性或盟国性供应链体系的特征更加显著

在美国、加拿大、墨西哥制定了具有排外性质的地区贸易和投资自由化体系后，各国逐渐认识到依靠地区性的贸易和投资一体化体系，才能实现地区对地区的均衡博弈格局，最大化地维护自身的发展利益。在此趋势下，全球的供应链体系或可能逐步分解为欧洲、北美、亚洲等地区性贸易和投资体系。

二、全球供应链正在加速重构

“二战”后，全球化成为国际经济发展的主旋律，全球供应链网络日趋成熟，国际分工协作推动制造业在不同技术水平的各个国家之间调整布局，跨国企业根据国家和地区各自的优势进行投资和布局，实现利润最大化，促进了全球性和区域性的国际贸易合作，也就形成了不同国家间的产业梯次分布格局。

在中美贸易摩擦、全球贸易保护主义、新冠肺炎疫情等背景作用下，原本的全球物流和贸易规则遭到破坏，全球货物贸易和工业生产指数不断下跌，全球供应链格局正在重构。各国出于贸易保护原则的一些操作削减了原本市场配置资源的效率，各国停产停工和供应链中断导致大量订单无法完成，加之新冠疫情导致物理隔离带来的国际贸易活动困难重重。出于防疫考虑，一些国家关闭或调整了航空、海运、铁路、陆路等物流通道，跨境物流的时效性大打折扣，成本方面不受控制，消费者购物体验差，出口方面，无论是跨境 B2C 直邮出口还是 B2B2C 海外仓模式出口，备货不足直接导致无货可卖；进口方面，采购难度加大，物流成本升高，货物即使到达本国，还有非常严格的海关检疫检验，如果不能即时送达，还有货物积压的风险。

2020 年 3 月 26 日，二十国集团领导人共同呼吁，要优先保障全球供应链安全稳定。所以一些国家正在重新评估核心产业的供应链安全，要求核心产业在境外的企业、工厂、生产基地等搬回国内或在国内重建，谋划全新的产业布局，建立自己独立的供应链系统。同时，一些大型区域贸易协定的签订也将加速全球供应链区域化进程，如 2018 年美国主导签署的《美墨加协定》制订了北美贸易自由区的贸易投资规则和计划、2020 年英国正式脱欧，使得欧盟地区政治、经济等多领域格局重构，国际供应链从全球化转变为区域化，通过再工业化使国际供应链直接回归本国或重置到成本更低的国家。

受中美贸易争端的影响，中美双方互相加征关税，导致相关供应链上下游企业发展受到严重阻碍，原本成熟的供应链合作模式被破坏，企业为了寻求生存，被迫重新发展新的供应链关系。美国和中国分别是全球经济体量的第一位和第二位，中美贸易摩擦带来的影响，绝不仅仅是两个国家的双边经贸关系，而是全球范围的贸易往来和供应链网络都会受到一定影响。对于产业链底部、劳动密集型、附加值较低的产业，将业务迁移到印度、越南、印尼等劳动力成本低、环境相对宽松的国家，比如耐克、阿迪达斯、三星、松下等跨国集团将生产线从我国迁移至越南、泰国、印度等国家。对于高新科技、附加值较高的产业，比如英特尔、福特、康明斯等企业开始回迁本国。

基于上述背景，发达国家日益重视高新技术产业、基础设施方面的建设，呼吁完善供应链风险管理，提高供应链弹性，倡导加快供应链智能化数字化程度建设并朝着区域性供应链合作的方向发展。

例如美国十分重视供应链安全，从战略、政策、法律等多方面进行了系统部署，制定了制造业回流政策，发布《重振美国制造业框架》《先进制造业伙伴计划》等，对我出口商品加征更高关税，加强针对海外高技术产业及企业的限制措施；供应链战略已上升为国家战略，发布《全球供应链安全国家战略》《保护战略矿产品安全和可靠供应的联邦战略》《美国信息和通信技术产业供应链风险评估》等一系列国家战略和相关报告；提高主要产业领域供应链弹性、安全性、健康性、完整性，发布《评估和强化制造与国防工业基础及供应链弹性》《美国国家安全战略》等，指出在 9 个国防领域和 7 个先进制造领域需要提高供应链弹性。

欧洲国家也纷纷发布相关政策，以应对国际供应链的新变化、新发展。英国将供应链作为制造业发展的关键，构建脱欧的全球供应链优势，推动制造业领域的供应链创新，通过金融支持、产业合作等方式，提升中小企业在国际供应链的竞争力。德国以可持续性和先进技术应用为导向，更加重视运用技术手段保障供应链的安全性和效率。新冠肺炎疫情下，德国开始思考非常态下的供应链安全，采取必要的预防性措施来保障供应链安全。

日本非常重视全球供应链构建和区域经济合作，积极开拓世界市场。2018 年主导推动签署《全面与进步跨太平洋伙伴关系协定》，努力构建亚太区域供应链，通过整合生产来降低贸易区供应链的成本，核心思想是将高附加值产业留在国内，低附加值产业转移到东南亚国家；完善物流供应链体系，与相关各方紧密合作，构建多式联运方式协作的高效、一体、可持续供应链。

由此可见，美国、欧洲各国、日本等为代表的经济发达国家和地区实行全球化和区域化的双重国际战略，贸易政策也由原先的市场自由化转变为保护主义，通过增加关税、限制核心产业外流等方式，保护本国供应链安全和可持续性发展。

三、供应链重构背景下跨境电商发展现状

全球供应链加速重构，我国跨境电商发展受到严重影响和挑战：技术条件受制约，我国在国际供应链中虽然处于核心地位，但是众多中小企业只是分布在供应链的中低端，对高新技术产业如芯片、半导体材料、精密仪器、发动机、医疗设备、数控机床、轴承设备等的自主研发实力不足，欧美等发达国家针对我国进行的关税壁垒打击，将造成采购高新技术零部件和设备的断供风险加大，扩大市场艰难。原本我国在国际供应链中主要负责加工制造和向国际市场输出的环节，现在在国际供应链被拆分重组的情况下，我国面临多种市场压力：全球经济衰退、区域性歧视、疫情削弱市场需求等，尤其对于外贸企业而言，扩大市场的难度加大，对企业营销的创新要求也提高了。成本控制空间有限，以往对于跨国公司而言控制成本主要通过新技术新模式应用、规模经济、低成本要素等方式，但是我国这些核心要素的竞争优势渐渐消失，部分产业面临被其他国家或地区取代的情况。2020 年 Gartner 供应链 25 强中我国仅有两家，阿里巴巴集团仅排名第 7，联想集团排名第 15，说明我国目前的现代贸易服务体系仍然有待提升，缺乏国际上有影响力、有竞争力的核心企业。

全球经济环境动荡，中小企业融资难，资金链不稳定，国家针对中小企业融资的金融服务不完善，严重制约了企业技术研发、设备改造、扩大规模、人才引进等需求，加上现在外商投资撤离中国，金融环境更不稳定，要想发展高技术产业，对研发资金的要求则更高，这对企业而言无疑是更难的课题；区域合作伙伴重构需要时间来磨合不确定性，“一带一路”倡议、RCEP 协定等贸易合作的签署，中国开始和周边国家快速建立了基于经济、政治、文化等多方面的合作，但是除了已经开展了多年合作关系的东盟国家，其他国家于中国而言还比较陌生，需要不断加强加深合作关系来解决这些不确定性。

虽然面临着全球供应链重构带来的巨大挑战和不确定性，但是国家快速反应，党中央、国务院做出了一系列重大决策和部署：稳定外贸扩大内需、促进消

费升级、构建“双循环”新经济格局、发展新业态新模式等，一方面积极拓展对外经济贸易合作，另一方面推进国内经济的高质量发展，跨境电商承担我国经济发展的责任和意义越来越重大。

从近两年我国对外贸易的基本盘数据来看，2018 年受中美贸易战持续进行的影响，我国进出口总额约 30.5 万亿元，东盟替代美国成为我国第二大贸易伙伴；2019 年我国进出口总额约 31.56 万亿元，经济增速逐渐放缓；2020 年新冠肺炎疫情下，中国率先复工复产，生产能力稳定，成为全球唯一实现经济正增长的主要经济体，GDP 总量（国内生产总值）实现历史性突破，首次突破百万亿，同时中国经济总量也达到美国的 70%，东盟超越欧盟成为我国第一大贸易伙伴。

从供给端来看，我国是全球第一大供应链枢纽，早已取代了 21 世纪初日本制造业在亚洲的中心地位。从需求端看，我国进口总额不断增加，居民消费潜力急待释放。

聚焦到我国跨境电商近两年的发展现状，2018 年跨境电商交易额达 9 万亿人民币，2019 年达 10.5 万亿人民币，增长速率从 11.7%（2018 年）提升到 16.7%（2019 年），占我国进出口总交易额占比从 29.5%（2018 年）提升到 33.3%（2019 年），预计到 2022 年占比将达到 42%。可以看出，供应链重构虽然给我国外贸带来了巨大的挑战和影响，但是机遇也同时并存，我国跨境电商发展正面临供应商本土化、产业链升级、数字化经济快速发展的战略机遇。一方面，数字化转型将加速跨境电商发展，消费者需求被释放，跨境电商进出口将迎来新的机会。另一方面，新模式、新技术的应用，将跨境电商供应链效率、用户体验等大幅提高。2021 年起，中国开始实施经济社会发展第十四个五年规划，开启全面建设社会主义现代化国家新征程。进入新发展阶段，中国将加快构建以国内大循环为主体、国内国际双循环相互促进的新发展格局。中国有 14 亿人口，其中 4 亿以上中等收入群体构成的超大规模市场和内需潜力将充分释放，为我国跨境电商发展带来更多机遇。

在全球供应链重构的背景下，跨境电商作为对外贸易的新型业态，已经逐渐凸显出其优势和潜力，国家也不断释放政策红利，通过开放更多跨境电商综试区城市、出台跨境电商所得税核定征收准则、提高贸易外汇便利化水平、启动跨境电商 B2B 模式试点城市等一项项具体举措，正在逐步实现跨境电商的高质量发展。

四、跨境电商高质量发展的要求

高质量发展是以新发展理念为指导来顺应社会主要矛盾变化，满足人民美好生活的愿望，高质量发展囊括我国经济、社会、生态等多个领域，宏观上要处理好经济发展与我国社会、生态、文化、政治等各方面的协调关系。与过去高速增长不同的是，高质量发展更加强调经济增速在一个合理的范围内，而不是一味地强调增长率的数字，更注重质量、效率的提升，强调可持续发展。

具体来看，首先高质量增长强调提高要素的投产比，通过技术创新、管理创新、模式优化等方式逐渐提高要素的运营效率，从要求数量提高转变为要求效率提高，同时重点关注绿色可持续；其次强调国内产业结构、供需结构的不断优化升级，从“做大做强”转向“做好做优”；最后是强调以创新驱动为主，从资本、劳动等要素型驱动转换为依靠劳动力素质提高、管理创新、技术创新、制度创新等知识要素驱动，为经济增长提供更持久的动力。

2019 年中共中央、国务院发布了《中共中央国务院关于推进贸易高质量发展的指导意见》,《指导意见》对我国国民经济发展有重要意义，是未来发展的纲领性文件，具有战略意义和指导意义。以这份《指导意见》为参考，可以从中分析总结出跨境电商高质量发展的内涵及要求：

1. 加快创新驱动，培育竞争新优势

夯实产业基础、推动传统产业转型升级、培育高新技术产业，加快建设具有全球影响力和竞争力的产业集群，为跨境电商增长提供持续动力。利用大数据、人工智能、区块链等新技术，构建跨境电商一体化服务平台。积极推动中国企业出海，不断提升“中国品牌”“中国制造”的国际影响力。

2. 优化我国跨境电商区域结构

国际市场方面，深化与周边区域联盟国家的合作，提高这些国家和区域在我国跨境电商交易中的比重。国内市场方面，东南电商发达地区积极推进经济增长新动能的开拓与发展，中部、西部、东北等地区需要进一步提高开放水平，积极推进产业转型，加强与发达地区的合作交流，通过跨境电商发展逐步改善各地区发展不平衡不协调的问题。

3. 推进贸易的可持续发展

一方面扩大进口，鼓励外资投入，优化进口商品结构，尤其是一些先进技术、设备、零部件等产业，充分释放国内消费潜力。另一方面，强调可持续发展，

鼓励企业采用国际上先进的环保标准，绿色设计、绿色制造，拒绝高污染、高耗能。

4. 创新业态、创新模式为跨境电商发展提供新增长点

持续推进跨境电商数字化水平，提高企业数字化管理水平，积极参与国际间数字贸易规则的制定。积极推进跨境电商综合试点区的发展，为全国乃至全世界提供可复制推广的成功经验，逐渐完善跨境电商进出口的管理模式和流程。此外，鼓励其他形式创新业态、创新模式的拓展，为跨境电商发展提供更多可能。

5. 完善跨境电商平台体系的搭建

积极推进集区域产业集群、公共服务等为一体的跨境电商一体化平台的建设。利用各种综合性展会、博览会等推动传统贸易转型升级，鼓励各级政府、企业、行业机构共同参与。此外，推进国际营销体系建设，促进线上线下融合发展，搭建智慧物流体系，推进跨境基础设施建设，提高贸易便利化，加快发展多式联运模式。

6. 深化改革开放，营造贸易便利化环境

推进跨境电商管理体制改革，从通关、退税、运输、外汇等方方面面不断优化管理机制，加快“单一窗口”建设和落实。加强信用体系建设，为企业建立信用数据库，落实失信惩戒措施，积极参与相关国际规则构建，推进跨境电商各环节、各部门的信息共享。

7. 深化“一带一路”倡议合作

鼓励“一带一路”沿线各个国家发展“丝路电商”促进相关国家优质商品、高新技术、服务业的进出口合作与交流，共同推动跨境电商基础设施建设，统一相关国际标准，提高贸易便利化。

8. 健全保障体系，加强组织管理

推进党中央对跨境电商高质量发展的全面领导，健全法律法规体系，促进国内立法与国际规则的良性互动。加大政策支持力度，发挥财政资金对跨境电商基础设施建设的推动作用，支持金融机构创新改革，提供多样化、综合化的金融服务。加强风险防范，完善风险预警机制。加强与国际组织、各地区相关机构交流合作，培养跨境电商新型人才，助力跨境电商高质量发展。

第二节　供应链重构视域下我国跨境电商高质量发展的困境

一、宏观层面

（一）区域性经济带建设受制约

近十年，我国跨境电商经历了从高速增长期到稳定发展期，增长率从2013年的50.7%到2019年的16.7%，占进出口总额的比例从12.2%到33.3%，成为我国外贸产业的核心组成部分，面对中美贸易摩擦和新冠肺炎疫情的双重打击，跨境电商产业利用线上平台的有利条件迅速发展，2020年助力我国外贸发展逆风翻盘，为我国对外贸易不断输入能量。供应链重构背景下，全球的供应链体系很可能会逐步分解为欧洲、北美、亚洲等地区性贸易和投资体系，积极推进区域性或盟国性经济带建设至关重要，待这些区域经济生态逐渐成熟后，东盟等相关国家将通过深化合作激活市场活力、释放出巨大消费潜力[1]。目前来看，推进区域性或盟国性经济带建设还存在很多制约因素：国家间政治、文化、经济环境不同，在一些项目建设上存在分歧，导致项目推进困难，国家推进合作的主权性成为主导因素；部分地区政局变动，地缘性冲突加剧，尤其中亚、西亚地区容易出现宗教冲突、民族冲突等问题，导致项目投资风险加大，融资困难；各国基础设施条件差异大，采用的质量管理标准、配套设备都没有统一的标准，项目真正落地的时候难以实现互联互通；资金安全问题，跨境电商涉及跨境电子支付，安全性至关重要，但由于不同国家汇率计算、金融监管体制差异性较大，交易系统复杂，故存在银行监管有漏洞、数据统一口径不一致、监管部门缺乏一致的管理标准等问题，给资金安全带来隐患。

（二）东西部地区发展不协调

东部地区电子商务发展早，营商环境更好，产业基础更扎实，近几年跨境电商借着国内电商的产业基础很容易大规模发展，而中部地区、西部地区和东北地区相比则逊色许多，只有个别城市发展较好，主要还是受发展基础、资源禀赋、区位条件等因素制约发展。我国目前批复的105个跨境电商综试区城市也是存在这样的问题，东部沿海地区“虹吸效应”导致资源集中，发展更快，而一些内陆地区和后面第四批、第五批跨境电商综试区则落后很多，一方面是由于批复时间

[1] 中国信息院区块链白皮书（2020）.

晚，另一方面是由于产业基础薄弱，政府政策不到位等。所以整体来看，东西部地区发展呈现不均衡、不协调的问题。跨境电商这种新型贸易模式，区别于传统对外贸易，突破了时间、空间等因素的制约，如何利用跨境电商这个有利抓手，结合各地区自身的产业优势，打造出具有区域特色的产业经济带，加强东西部地区的交流合作，以东部沿海地区成熟、发达的模式来带动全国跨境电商发展。推动国内跨境电商均衡发展是接下来实现高质量发展务必要解决的问题。

（三）数字化水平有待提高

近些年数字经济兴起，跨境电商就是在这样的时代背景下孕育而出的新型贸易业态，随着大数据、人工智能、区块链等技术的发展和应用，跨境电商发展迅速。但是目前仍然存在两方面问题：一方面，一些传统外贸企业适应新技术的反应慢，数字化程度低，更依赖传统贸易形式，效率低下，转型升级缓慢；另一方面，无论国内还是国际，数字化水平都还有巨大的可提升空间，跨境电商各环节数据都还非常分散，没有统一的输出口径，而且对数据的应用程度低，各国没有统一的数字贸易标准和规则，严重影响了跨境电商现代化发展的进程。

二、中观层面

（一）创新能力不足

首先，中国作为传统的制造业大国，制造业“大而不强”是困扰国家多年的根本性问题，尤其是在美国切断我国高新技术相关的零部件、技术、服务进口的情况下，中国自主研发、设计能力不足的问题越发显著。其次，跨境电商批次多、品种杂、来源广、涉及面广等这类碎片化贸易的特点，给传统监管带来很大的难题，急需推出一种全新的监管模式，对跨境电商进行事前事中事后的全链条监管。最后，如何通过大数据、人工智能、区块链等新技术来提升跨境电商服务质量，目前还在探索阶段。

（二）产业结构和产业集群待提升

中美贸易摩擦不断，原本已经相对成熟的供应链被打乱，企业为了发展纷纷重新建立供应链合作关系。以往我国跨境电商商品主要集中在服装服饰、电子产品、母婴玩具等生活消费用品，这些产品附加值不高，品牌影响力不强，产业结构“大而不强、全而不精”，话语权小的短板暴露无疑，在一些领域的关键技术、零部件、软件、检验检测设备等受制于人，很容易形成“断点”，必须尽快解决这些“弱点、易断点”。此外，产业集群的建设还有待完善，成熟的产业集群可以降低企业的成本，提高规模经济效益，提高产业和企业的市场竞争力，对特定产业的发展和国家竞争力的增强有重要作用。

（三）供应链安全问题凸显

在面对重大国际贸易危机的情况下，供应链安全问题凸显，如何保障供应链安全成为全世界关注的核心问题。2021 年两会期间关于供应链安全的讨论也一如预料地成为焦点话题，全球化遭遇逆风，贸易保护主义、单边主义抬头，全球供应链面临重构，新冠肺炎疫情加速了这个变局，全球经济不稳定性和不确定性增强，我国供应链安全稳定运行面临重大威胁。基于这种情况，如何整合供应链，通过精细化的柔性供应链管理，保障供应链安全稳定是当下迫切需要解决的问题。

三、微观层面

（一）缺乏有影响力的企业和品牌

由于早年“中国制造”被贴上“质量差”“粗糙”等标签，对于中国品牌出海有一定的影响，所以企业一方面应该提高质量标准，向日本制造、德国制造等以产品质量闻名世界的国家学习，建立健全的质量文化环境；另一方面在品牌营销、市场营销等方面需要再加强，把“中国制造”“中国品牌”推向世界。

（二）金融信用体系不健全

涉及跨境电商交易的重要环节，如在线支付、物流配送效率、产品质量控制、售后服务等很难通过平台方进行有效监管，就拿产品质量控制来举例，部分企业只重视短期利益，产品质量参差不齐，售后也无法保障，导致消费者对中国制造产生信任问题，然而这些信用问题目前还很难通过平台进行有效监管。除了产品质量问题，还涉及跨境电商交易的支付环节也存在同样的问题，现在跨境支付方式种类繁多，涉及的结算平台也较多，难以进行统一监管。没有完善的企业信用体系做支撑，中小企业融资担保面临很多问题，尤其是跨境电商这一类轻资产型企业，也没有办法通过固定资产抵押的方式来进行贷款，严重制约了企业发展，虽然目前我国已经把跨境电商企业信用管理作为一项重要的工作，但是目前尚未形成一套系统性的能够涵盖企业交易数据分析、企业信用评价、企业信用监管的有效的金融信用体系，所以构建完善健全的跨境电商法律法规、搭建我国跨境电商企业的信用体系迫在眉睫。

（三）跨境物流基础条件差

与国内物流业发展程度相比，跨境物流受基础设施建设情况、通关效率、信息化水平等因素制约，涉及跨境配送，目前存在周期长、流程繁杂、风险大、配送时效性、仓储费用高等问题，这直接导致物流成本占据交易成本的近20% ~ 30%。此外，目前我国跨境电商的发展主要依托的是DHL、亚马逊物流等全球领先的跨国物流企业，这些公司起步早、规模大、物流时效性好、服务更完善，相比之下，国内物流公司的规模还不足以支持我国跨境电商这样巨大的经济形态，大部分物流公司规模小、服务水平低、数字化程度不高、国际物流运输体系不够完善，导致订单处理速度慢、溯源或追踪有难度、数据统计的口径不一致、信息不对称或无法共享，消费者无法及时跟踪物流信息，也无法快速地收到货，降低了物流运输效率。

四、案例分析

中国（武汉）跨境电商综合试验区发展对策研究——以武汉与杭州综试区为例

中国（武汉）跨境电子商务综合试验区的成立为武汉跨境电子商务产业发展带来新机遇，然而处于建设初期的武汉综试区在许多方面仍存在不足。武汉综试区需要进一步深化综试区“六大体系”建设，加快建设线上综合服务平台，促进线下产业园区的功能完善和协同发展，同时加大跨境电商主体的引进和培育力度，并利用自身人才和科教优势打造全国跨境电商人才总部基地。

1. 引言

2019年1月3日，中国（武汉）跨境电子商务综合试验区（以下简称“武汉综试区”）在东湖综合保税区正式启动，成为我国第三批由国务院批准成立的跨境电商综试区之一，这也标志着武汉跨境电商产业发展正在迈入新阶段。然而，跨境电商综试区的建设是一个复杂而困难的任务。对于处于建设初期的武汉综试区来说，目前最有效的办法是借鉴国内发展较为成熟的其他综试区的经验，形成一套完整的体系。作为中国首个跨境电商综试区，中国（杭州）跨境电商综合试验区已有五年的发展历史，并已经建立起一套较为成熟的管理体系和制度安排。

通过与杭州综试区的比较，武汉综试区能够明确目前建设过程中的不足，进而确定下一阶段的建设重点，在湖北省乃至整个中部地区起到示范和带头作用。

2. 武汉综试区与杭州综试区的比较分析

（1）综试区“六大体系”建设情况比较分析

跨境电商综试区“六大体系”是由杭州综试区在发展过程中探索出的较为成熟的管理体系，具体指信息共享体系、金融服务体系、智能物流体系、电商信用体系、统计监测体系和风险防控体系。目前，该套体系已经在全国范围内推广使用，包括武汉综试区在内的多个跨境电商综试区已经沿用了这套体系。通过与杭州综试区的对比可以发现，武汉综试区在六大体系的建设上还存在许多不足。例如，在智能物流体系方面，杭州综试区已经建成了较为完善的物流智能信息系统，实现对物流供应链的全程监控。尽管武汉在货物的运输和中转方面具有强劲优势，但目前武汉综试区的线上物流监测系统和仓储网络系统仍在建设中，各物流园区与互联网的融合还需进一步加强。在电商信用体系方面，杭州综试区已经建立起了跨境电商信用数据库，并在全市范围内开展电子商务平台诚信建设。虽然武汉目前在企业信用监管和公示上做得也比较好，但与杭州综试区相比缺乏针对跨境电商企业以及从业人员的专门监管平台和公示平台，同时缺乏针对跨境电商行业的守信激励与失信惩戒制度。在统计监测体系方面，杭州综试区率先建成了全国首个跨境电商大数据中心，实现了跨境电商交易、物流、金融等数据的采集和交换，而武汉综试区的此类大数据中心还尚未建立起来。

（2）线上综合服务平台建设情况比较分析

杭州综试区线上综合服务平台于 2015 年正式上线，该平台是全国首个跨境电商“单一窗口”平台。通过线上综合服务平台，跨境电商企业可以办理园区入驻、备案登记、数据申报以及无票免税等业务，并且该平台还为企业提供查询统计、风险提示以及物流跟踪等服务。除了为企业提供相应服务，杭州综试区还重点利用线上综合服务平台落实综试区六大体系的建设，利用平台的数据整合优势建设综试区线上大数据中心，实现金融、物流、信用、风险等数据的互通和共享。而目前武汉综试区的线上综合服务平台还仍未上线，跨境电商企业只能通过由武汉东湖新技术开发区负责运维的湖北跨境电子商务公共服务平台办理相关业务，但由于该平台属于传统的跨境电商服务平台，与新型的线上综合服务平台相比缺乏针对性。跨境电商综试区作为各类政策的先行试点，在政策上与试点外有所区别，而传统的跨境电商服务平台无法有针对性地为综试区内的跨境电商企业提供试行中的政策服务。同时，传统的跨境电商服务平台无法为综试区“六大体系”的建设提供足够的数据基础。因此，武汉综试区需要尽快建成综试区的线上综合服务平台。

（3）线下综合园区平台建设情况比较分析

线下综合园区平台是指由跨境电商综试区的各个线下产业园区共同构成的线下综合性服务平台。杭州综试区在设立之初，共设下城园区、下沙园区以及空港园区三个线下产业园区，随着条件的进一步成熟，杭州综试区线下园区规模不断扩大。截至2019年年底，杭州综试区线下产业园区已由原来的3个增加至13个，形成“一区十三园”的格局。除了个别成立时间较晚的园区，大部分园区已经具备提供通关、物流、金融、人才等综合服务的能力。同时，通过对于各个园区的合理布局，杭州综试区已经实现B2B、B2C以及O2O的全业态发展，在跨境电商业务模式上更具有多样性。相比而言，武汉综试区的线下产业园区数量较小。目前武汉综试区拥有四个线下产业园区，分别为东湖新技术开发区、汉口北市场采购贸易方式试点、武汉新港空港综合保税区和天河机场。其中，东湖新技术开发区主要发展B2B线上进出口；天河机场和汉口北以跨境电商自购业务为主；武汉新港空港综保区则依托中欧班列开展跨境电商保税展示交易等业务。尽管四个园区在主要业务模式上各有侧重，但与杭州综试区相比，武汉综试区在跨境电商的业务模式上仍然显得较为单一，同时各个园区间的协同效应也不够明显。

（4）跨境电商企业集聚情况比较分析

得益于先进的制度安排和较好的电商基础，杭州综试区的企业集聚效应明显。目前，在杭州综试区线上综合服务平台上备案的企业已经超过12000家，其中包括8000余家电商企业，100余家物流企业，70余家支付企业。相比而言，武汉综试区的跨境电商企业数量较少。据统计，目前武汉市跨境电商企业的数量仅在3000家左右。在跨境电商龙头企业方面，处于全国跨境电商进口平台第一梯队的考拉海购和天猫国际均将总部设立在杭州。除了第一梯队企业外，杭州本土跨境电商企业云集，贝贝、生意宝、蘑菇街等也具有强劲的竞争实力。武汉综试区也同样引进了一批大型跨境电商企业，如小红书、每日优鲜、洋码头、兰亭集势等，为武汉跨境电商发展带来强劲动力。虽然武汉综试区已经引进了多家大型跨境电商企业，但在本土的跨境电商龙头企业上仍然较为缺乏，跨境电商产业优势尚未形成，同时还有许多传统产业企业并未实现数字化转型，这也使得武汉在我国跨境电商产业中的影响力不强。

（5）高校跨境电商人才资源比较分析

跨境电商人才除了应熟悉外贸规则并具备外语交流能力等传统外贸能力，还应当具备平台运营能力、大数据分析能力等互联网技术，而此类综合型人才主要来自于各地高校。当前，杭州市拥有浙江大学、杭州电子科技大学、浙江工业大学等28所普通高等院校以及19所专科学校。其中，仅浙江大学属于“985”和“211”高校。相比之下，作为全国的“科教重镇”之一的武汉市拥有更丰富的教育资源。目前武汉市拥有武汉大学、华中科技大学、华中师范大学等46所普通高等院校和28所专科学校。其中，“985”和“211”高校共计7所。虽然武汉市拥有丰富的高校资源，但在高校跨境电商人才培养方面杭州却走在前列。截至目前，全国已有7所院校开设了跨境电商专业，其中杭州2所，武汉1所。同时，杭州市跨境电商综试办已与多所在杭高校开展跨境电商人才培养合作项目，其中与浙江工商大学共同成立了中国（杭州）跨境电商学院，开始向社会持续输送跨境电商人才。在政策扶持方面，杭州市政府出台相关政策，对设立实体跨境电子商务学院且所在学院人数不少于1000人的高校，给予不超过100万元的一次性资金扶持。可见杭州正在通过校企联合、校政联合打造多层次跨境电商人才培养体系，这是值得武汉借鉴的。

3. 武汉跨境电商综试区发展对策研究

（1）深化综试区“六大体系”建设武汉综试区

由于起步晚，在六大体系的建设上还并不成熟，因此武汉综试区当前的首要任务之一是深化“六大体系”的建设。在信息共享体系方面，首先应当制定一套标准化的信息使用规则，便于信息的共享和互通，但同时也要避免冗杂和烦琐，使数据信息的传输更为高效。其次，要建立起武汉跨境电商综试区数据库，采集企业、商品、物流、金融支付等数据信息，为数据分析、质量溯源、风险监控等环节提供信息基础。在金融服务体系方面，鼓励金融机构、第三方支付机构、第三方电子商务平台之间开展创新性合作，形成“一站式”的金融服务体系，提高跨境电商企业在融资、保险、跨境支付等环节的便利性。在智能物流体系方面，武汉综试区要发挥自身的物流优势，促进线下物流与互联网的进一步融合，整合各方物流企业、园区、口岸等资源，建成互联互通的智能化线上物流平台，实现物流供应链的全程监控。同时，从政策上鼓励有实力的企业自建或者共建海外仓，缩短跨境电商物流的“最后一公里”。在信用管理体系方面，建立统一的跨境电商企业及从业人员的信用评价体系和信息公示平台，并制定跨境电商信用红、黑名单制度和奖惩制度，进而提高综试区内企业的信誉度和境内外客户的满意度，同时也有利于武汉跨境电商的品牌提升。在统计监测体系方面，可以效仿杭州综试区建立跨境电商大数据中心，将多个跨境电商数据库进行统一管理，确定标准化的统计口径，避免重复统计并确保数据信息的齐全和相对准确。此外，对于统计和监测到的各类数据信息还要加以分析和解读，为政府监管、企业经营和行业预测提供统计信息参考依据。在风险防控体系方面，建立跨境电商风险预警机制，加大对于国际市场环境的监视力度，对于国际市场波动和不可抗力等因素可能带来的运输风险、金融风险、质量风险进行及时预警。其中，在质量风险防控方面，可以参考杭州综试区的经验建立进口商品质量安全公共服务平台，利用区块链等技术实现跨境商品质量和责任的追根溯源。

（2）加快建设综试区线上综合服务平台

当前，武汉综试区线上综合服务平台的建设重心应集中在三个方面。首先，是要将其打造成为一个跨境电商“单一窗口”平台。“单一窗口”平台使跨境电商企业可以只通过一个接入点提交标准化的信息和单证，就可以办理监管部门要求的全部业务，让企业做到一次申报、一次查验、一次通过，并实现通关全程无纸化，大幅提高了通关效率。同时，“单一窗口”平台规定了标准化的数据提交格式和统一的数据提交平台，因此也降低了建立跨境电商数据库的难度。其次，是要将其打造成为一个跨境电商大数据平台。综试区“六大体系”的建设需要庞大的数据支撑，为此需要建立起信用、金融、物流、风险等多个方面的数据库。一方面，线上综合服务平台将为这些数据库提供数据来源，另一方面，线上综合服务平台要将这些数据库整合起来进行统一管理，进而形成跨境电商大数据平台。建成大数据平台的优点在于实现了多种跨境电商数据的可核对和可查询，使企业能够更快获取自己需要的信息，同时也使得监管部门对于跨境电商产业的运行状况有更全面的把握。最后，是要将其打造成为一个和各线下产业园区实现专业化对接的平台。跨境电商综试区的各个线下产业园区在主要业务模式上有所不同，同时由于各个线下园区的定位不同，其招商对象、入驻条件和入驻流程也有所区别，因此线上综合服务平台要根据各个线下产业园区的特点实行专业化对接。其中，可以考虑和各线下园区合作建立各个园区的线上分站，由各个园区对线上分站进行自主管理。同时，各园区也可以在园区内对线上综合服务平台进行推广，帮助园区内已有的传统的外贸企业开展数字化转型。

（3）促进线下产业园区的功能完善和协同发展

武汉综试区的线下产业园区已经初具规模，但仍存在改进空间。首先，武汉综试区需要进一步完善各线下园区的功能，具体体现在两个方面。一是要对通关、仓储、物流等传统功能进行优化和升级。武汉跨境电商综试区的四个线下产业园区均由传统的自贸区、保税区等区域转化而来，在功能上还无法完全达到线下综合园区平台的要求。因此武汉综试区现阶段可以对线下园区的基础设施进行升级和扩建，同时确保跨境电子商务所必需的通信和网络环境，提高园区的货物集散能力和通关效率。二是要开发线下产业园区的新功能。通过在园区内建立跨境电商人才培训基地、创业项目孵化器、展会中心等新型服务平台，使园区具备人才培训、创业孵化、展览展销、社群交流等新功能。通过新、旧功能的开发与升级，使线下产业园区具备提供“一站式”综合服务的能力。其次，武汉综试区要促进各线下园区之间的协同发展。随着武汉综试区对于跨境电商业务模式的进一步拓展，各个线下产业园区在主要业务模式上将会有所不同，因此园区间的协同发展成为线下综合服务平台的建设重点之一。在充分考虑到跨境电子商务的集聚特性和系统生态性的基础上，合理安排进口和出口、保税和直邮等跨境电商的平衡发展问题，同时提高 B2B、B2C、C2B 平台之间布局的科学性。在确保以上两点的基础上，武汉综试区可以对其线下产业园区进行适当扩容，以适应日渐增长的跨境电商业务量，但同时也要避免过度扩容，以免出现过大的园区规模和较小的跨境电商业务量不匹配的问题，导致资源闲置和浪费。

（4）加大跨境电商主体的培育和引进力度

在跨境电商主体培育方面，一方面要鼓励跨境电商创业，另一方面要帮助传统外贸企业实现数字化转型，加快传统产业和互联网的融合。其中，要对中小微跨境电商企业提供更多的信贷支持。由政府设立融资风险专项基金，将其作为增信手段，提高银行机构放贷积极性，为中小微跨境电商企业提供更多贷款。同时，要加大本土跨境电商龙头企业的培育力度，挑选具有极大发展潜力的企业作为扶植对象，提供一对一的专业服务。对于业绩达到一定水平的企业给予资金上和政策上的激励，进而提高企业发展的积极性。通过对于本土跨境电商企业的培育，武汉跨境电商将形成“互联网+外贸+特色产业”的核心竞争力，有助于“湖北品牌”进一步拓展国际市场。除了培育跨境电商主体，武汉综试区还要加大招商力度，引进更多的跨境电商企业。尤其要重点引进武汉跨境电商产业链上相对匮乏的企业，如平台企业和支付企业等，使武汉跨境电商形成完整的产业链。

（5）打造全国跨境电商人才总部基地

当前，我国跨境电商行业人才短缺的情况较为严重。据统计，目前中国跨境电商人才缺口已达450万，并以每年30%的增速扩大。武汉市作为“科教重镇”，应当发挥自身的科教优势和人才优势，将武汉市打造为全国跨境电商人才总部基地。在高校跨境电商人才培养方面，学校可以与跨境电商企业形成长期合作机制，以定向就业的形式开设跨境电商人才培训工程，学员毕业后直接进入签约企业就业。此外，政府要从政策上鼓励高校开设跨境电商专业，对于开设跨境电商专业的高校给予资金扶持。值得注意的是，武汉高校毕业生中有众多外地来汉学生，因此武汉不仅要培养高校跨境电商人才，还要将这批人才留在武汉。通过提供落户、安居、就业等方面的利好政策，鼓励高校跨境电商人才在汉就业创业。除了高校应届毕业生外，武汉跨境电商行业还应当注重对于社会人员的吸纳。可以考虑政府和企业合办跨境电商培训班，在社会范围内进行招生，对毕业学员颁发政府认定的结业证书，或直接由企业对学员进行吸收。

第三节　供应链重构视域下我国跨境电商高质量发展对策

一、宏观层面

（一）推进区域性经济联盟布局

2015年我国发起“一带一路”倡议，旨在促进经济要素有序自由流动、资源高效配置和市场深度融合，为区内经济贸易的发展带来重大机遇。2020年11月我国主导签署了RCEP协定，作为全球最大的自贸区，RCEP为中国企业提供了足够的市场容量，而这些市场与中国经济高度互补，同时，RCEP与中国“一带一路”倡议的方向高度重叠，随着RCEP的签署，东盟国家也将享受到更多中国发展带来的红利，整个东亚市场将释放出更大活力。这一项项国际间经贸合作协议的签署，对我国重新构建全球贸易体系有重大意义，也将为中国企业开拓全球市场提供巨大机遇，我国要抓住这些重大利好政策，加快推进区域性经济联盟。建议政策不断开放，创造更优的国际营商环境，积极推动“一带一路”倡议、RCEP 等国际区域经济贸易合作协定，推动我国与周边各国建立更大范围、更高水平的合作关系，也为区域内贸易发展创造契机。加速全球贸易生态布局，主动引领跨境电商相关国际规则制定，争取在全球贸易体系中拥有更多影响力。首先，中国要积极参与全球经济活动以及多边贸易规则的谈判，包括数字贸易、全球普惠共享、“一带一路”倡议、RCEP 协定等战略合作，深化与联盟国家的贸易合作关系，加强沟通交流，充分释放市场的消费潜力。其次，要积极参与推动《跨境电商标准框架》等国际海关跨境电商管理规则的制定，协同国内大型电商贸易企业、跨境电商平台、国际物流企业等共同完善跨境电商流程管理的标准，不断探索和创新税收、通关、跨境电子支付、知识产权、金融和数据安全等一系列制度。

（二）逐渐缩小区域发展差距

国家先后设立了 105 个跨境电商综合试验区，基本覆盖我国重要港口和内陆城市，通过综试区模式对我国跨境电商在交易、支付、通关、物流等环节的标准、流程进行探索，优化跨境电商供应链，总结可复制可推广的成功经验。在这样利好的国家战略之下，各综试区应该积极推动区域间的联动，发挥各地区优势，建立协同发展的互助模式。一方面，省内或周边地区可以加强区域间的协同联动，结合当地产业特点、电商基础营商条件等构建区域合作模式；另一方面，中西部地区应该加强与东部沿海等发达地区的学习和交流，积极引进新资源、新模式、新技术的应用，带动当地跨境电商发展；此外，逐步完善综试区内部跨境电商交易各环节功能，努力实现“一区多功能”集商品运输、查询追踪、通关服务、库存管理、金融服务等多项功能为一体，为企业和消费者提供一站式、单一窗口的便利服务条件。

（三）推动建立数字贸易国际标准和规则

各国政府应该牵头与国际组织尽快就双边、多边贸易数字化的规则和标准进行谈判，涉及货物准入标准、在线支付标准、物流系统建设、通关监管、质量安全标准、商品溯源、风险管理、税收计算、统计标准等多个环节的标准和规则建设，只有统一了国际标准，各国才能更好更快地推动跨境电商的大规模发展。而且，数字化升级还能为消费者带来更好的消费体验。将来，现实生活和数字生活将紧紧融为一体，通过技术端的升级消费者可以实现从平台开始第一次搜索到最终下单完成交易，所有的行为数据、交易数据等都将被平台和政府作为大数据记录、处理，并为之后的每一次搜索服务提供优化依据，为用户提供更智能、更便捷的服务体验。这些新主体、新营销和新渠道将加速重塑中国的消费市场格局，数字技术的成熟将加速各领域渗透融合，深刻改变跨境电商市场消费链条中从生产、采购、交易、物流等各个环节，虽然一定程度上冲击了传统国际贸易，但是长远看有助于在世界范围内驱动经济增长、提高劳动生产率、培育新市场和新增长点，给世界经济带来新的机遇。未来，数字化将成为国际贸易发展的必然趋势，国际间贸易规则也将向着数字化方向不断革新，中国需要在这次全球供应链重构的时机下，积极参与国际间跨境电商贸易的相关规则制定，把中国先进的管理模式、创新技术复制推广到全世界。

二、中观层面

（一）创新驱动转型升级

中国应当牢牢把握新一轮信息产业革命的浪潮，对传统产业进行转型升级，学习发达国家的成功经验，弥补自身发展的短板，打造数字化、信息化、知识化、绿色化、智能化、服务化的新兴产业，通过各种新技术赋予老产业活力，推动产业的新旧动能转换，开拓更广阔的市场空间，以满足消费者更多元的需求。积极发展新型消费，加快培育新业态和新模式，丰富在线消费内容和场景，推动线上线下融合发展，支持实体经济进行数字化转型升级，统筹电商平台，支持中小企业。比如加快发展农村电商，积极建设农村商业体系，这对于“十四五”期间国家有效衔接脱贫攻坚与乡村振兴，统筹政府与社会资源，推动实施“数商兴农”发展农村电商新基建，扩大电商进农村的覆盖面，助力农民增收有重大意义。除了农村电商，还有直播电商也是未来值得大力发展的贸易形式。2020 年国内直播电商呈现井喷式的爆发增长，中国直播电商市场规模达 9610 亿元，同比增长 121.5%。随着直播电商产业生态的日益成熟，直播已慢慢渗透至电商的各个领域，预计 2021 年直播电商将继续保持快速增长。

“直播 + 电商”模式已然成为电商行业的新风口，庞大的商业价值被迅速放大，相对于中国已经进入爆发期的直播电商，跨境电商直播尚处于起步阶段，未来可发展空间巨大。持续创新跨境电商监管机制：首先，共建共享监管服务平台，跨境电商活动包含物流、交易、清关等多个环节，涉及双边贸易规则、信息对称性等问题非常容易产生冲突，所以搭建第三方监管服务平台的重要性不言而喻，可以由政府来牵头，企业参与共同建设，通过第三方监管服务平台来保障双边的合法权益，明确各方责任及利益，维护市场交易秩序，保障上述各个环节中的数据安全、货物安全、交易安全等。借助第三方监管服务平台进行信息同步、监管互认、执法互助、数据共享，实现线上线下协同作业的监管新格局。其次，还需要进一步优化现有的通关监管流程，尽管我国已经创新开展跨境贸易监管模式，而且不可否认这些新模式对于通关监管效率的提升有很大促进作用，但是随着近几年跨境电商业务的迅速扩大，实际在通关时仍然会有很多问题出现，比如申报平台稳定性不佳、海关统计数据不精准、数据口径不一致、稽查工作落实不到位等，所以为提高商品通关效率，必须先优化通关监管流程，可以通过建设单一窗口打通银行、物流、海关、平台等多个环节的信息与数据对接、共享，并根据市场需求不断地对“单一窗口”进行优化，提高贸易便利化。此外，需要建立严格的跨境电商检验检疫监管标准，防止大批量的海外商品进入中国市场可能存在的质量问题或安全隐患，可以通过设立部分地区先进行试点，形成成熟的解决方案后再推广复制到全国，力求一套“管得住”的检验检疫监管标准，加强对跨境电商的商品进行严格的质量把控。

加强自主研发水平，提高高新科技产业在国际上的竞争力。集中优势资源突破现有技术瓶颈，补齐产业“短板”，支持国家科学院、研究院、高等教育学府、实验室等单位或机构的管理制度创新，培育一批具有专业知识水平、能够引领国际前沿科技的高素质人才，可通过成果激励的方式，对有杰出贡献的单位、机构或个人进行奖励。此外，国家应鼓励企业转型升级，加大对自主研发、设计等环节的投资，提高高附加值的产业价值，提高国际市场的竞争力。

（二）优化产业结构和产业集群建设

持续优化产业结构，加快推进产业集群建设，扩大产业规模。产业结构决定供给结构，宏观经济的增长率等于各产业增长率的加权之和，因此只有优化产业结构，经济增长率才会同步增长。总结发达国家产业结构调整的路径可以得出，一般是从劳动集中型产业到资本集中型产业，再向科学技术密集与知识集约型产业来演变。所以，为促进跨境电商的高质量发展，必须要实现产业结构的合理化、最优化配置，使生产要素得到充分的、合理的利用，各个产业能够协调共同发展，生产规模扩大，经济效益得到较大幅度的提高。大力发展具有竞争优势的战略型产业，比如培育新能源、新材料、新信息技术、高端装备制造等新兴战略产业，消耗实物资源少的产业可以适当增加比重，推动产业链整合，不断加大研发投资力度，促进产业升级和创新的速度，推进与市场的深度融合，引导资本投向实体经济。同时，加快推动产业集群建设，扩大产业规模，提升重点产业竞争力。产业集群汇聚制造生产、电商平台、仓储物流、金融支持和综合服务等各类企业，可以实现跨境电商生产要素和产业要素集聚，对于提升效益有重大意义。产业集群可以助力地区快速形成规模效应，很大程度上降低成本，提高效率。各地区的重点产业还应该通过产业集群的模式，做大做强，提升国际市场的竞争力，产业内大型企业数量不断增多，对于提升中国企业对外的国际形象有促进作用。

（三）完善跨境电商产业生态

完善跨境电商产业生态，维护全球供应链安全。加快由传统外贸转型为以整合外贸公司、跨境电商平台、国际物流、金融服务等多方资源、数据、业务的综合性产业生态系统，通过产业转型升级来带动经济消费，促进进出口贸易高质量发展。在巩固传统产业优势的基础上，积极培育全新增长点产业，发展外贸新业态，通过综合改革，集成创新，推动跨境电子商务巩固服务平台和各类特色试点园区融合发展：一方面，利用珠三角、长三角核心区物流中心、交通枢纽的优势，构建数字驱动的跨境电商新型贸易体系；另一方面，优化线上公共服务平台，建设跨境电商综合服务体，通过平台有效连接各外贸企业、综合服务企业、物流企业等，为企业和个人提供一站式服务，促进线上线下联动发展。面对目前严峻复杂的国内外形势和新冠肺炎疫情冲击，首要任务就是继续做好疫情防控工作，确保经济活动的正常进行，加快构建以国内大循环为主体、国内国际双循环相互促进的新发展格局，只有增强供应链的自主可控能力，才能做到在关键时刻国内生产和供给不会受到影响，在极端情况下经济能够自我循环。增强供应链自主可控能力，实施好产业基础再造工程，发挥大企业引领支撑和中小微企业协作配套作用。未来应着力提升产业链现代化水平，实施产业基础再造工程，打牢基础零部件、基础工艺、关键基础材料等基础。探索实施“链长制”，培育一批控制力和根植性强的链主企业和生态主导型企业，打通研发设计、生产制造、集成服务等产业链条，构建核心技术自主可控的全产业链生态。重点打造跨境电商产业的柔性供应链，传统生产制造企业应顺应跨境电商发展的需要进行数字化改造，通过数字化的手段将供应商、平台、消费者、服务商等联动，形成跨公司、跨平台、跨地区的协同服务，未来跨境电商需要适应小批量、定制化、快速反应的订单模式，鼓励政府和企业建立集商品、交易、物流、金融服务等为一体的跨境电商供应链综合服务平台，建立海外仓，整合海外资源，推动海外并购，拓展供应链全球网络布局，积极构建全球采购与分销体系，充分带动上下游企业的供应链服务水平。维护供应链安全不仅仅局限于突破关键核心技术和短板环节，更为重要的是要推动全链条协同创新和整体升级，通过加强全产业链创新能力建设，提升供应链自主可控能力和现代化水平。积极推动补链强链，特别是在断供风险较大领域构建必要的备份系统和多元化供给方案，增强供应链弹性韧性，以高水平开放推进供应链国际合作。在中美贸易摩擦的背景下，即使跨境电商零售出口的成本会上升，通过对供应链的整合和精细化管理，也可以实现降本增效。

三、微观层面

（一）推动产品和品牌升级

提高产品质量，向国际标准看齐，扶持一批具有国际竞争力的跨境电商企业。相比美国亚马逊、Wish、eBay 等知名跨境电商企业，我国企业还有很长的路要走，产品质量是经济发展的前提和基础，提高产品和服务的质量可增强消费信心，促进消费需求；参考世界上从中等收入成功跨越到高收入的经济体，都是经历了从高速增长到质量提升的过程，可见高质量已经成为未来我国经济建设重要的目标要求。所以，中国企业也需要这种先进的质量管理体系来约束，而且需要向国际标准来看齐，逐渐提升“中国制造”在国际间的形象。此外，国家应该集中核心优势打造跨境电商特色产业集群，推动国货品牌出口，借鉴深圳电子数码产品、义乌小商品、杭州纺织服装、广州箱包皮具、泉州鞋服等这些产业集群的建设，利用当地优势资源和地方特色，加大政策扶持力度，鼓励中小企业参与到特色产业集群建设中，打造具有本地特色的产业集群，并大力推动品牌建设，帮助“中国制造”走向世界，提高国际市场的核心竞争力；推动加工制造型企业向产品研发和营销服务型企业转型。以前我国很多外贸工厂主要做 OEM 贴牌生产，利用中国的人口红利做低附加值的加工生产工作，利润空间被两头的研发设计、品牌营销挤压得非常低，且在国际市场没有话语权，订单的主动权被上游企业掌控。跨境电商的快速发展，让这些以前做中低端制造业的企业有了可以直面消费者的渠道，所以未来应该聚焦在产品的设计研发、供应链管理、品牌市场营销等这样高附加值的环节，将加工制造等低附加值的工作外仓，逐步推动跨境电商企业向产品研发和营销服务型企业转型升级，只有当企业拥有了核心的技术、专利、品牌，走品牌的精细化运营路线，提升了产品的附加值，在国际市场才能拥有定价权。第五轮全球低端制造业转移的浪潮已经开启，中美贸易摩擦加速了我国这些低附加值产业的制造业向东南亚国家转移，未来一些低端产能的加工制造企业需要逐渐清出，将技术研发、运营销售、财务等核心留在国内。

（二）完善金融服务规则

国家在制定参与跨境电商交易活动中的金融服务规则时，需要严格遵守安全、可控的基本原则。一方面应该充分利用线上行为数据留痕的特点，对整个交易过程中的信息进行搜集，为有需要的企业或个人提供支付结算、金融贷款等金融产品和金融服务；另一方面，大力推进人民币国际化，突破美元作为主要结算货币的限制，促进国际市场人民币的自由兑换，提高跨境电商生态链上参与者、投资者的信任，扩大跨境电商交易；此外，还要建立完善的电子支付规则，包括支付平台的资质审核、电子结算方式、跨国资金管理的流程与标准、电子保单的服务标准、金融服务平台的资质等。想要完善金融服务规则，信用体系的基础建设也至关重要。由于跨境电商是基于互联网的特殊贸易方式，相较于传统对外贸易，跨境电商的信用体系建设相对滞后。首先，要从根本上解决问题，需要构建健全的跨境电商法律法规，跨境电商交易涉及至少双边国家，文化不同、法规不同、政治环境不同，对于信用系统的评价也有不同的标准，如果在这个问题上没有达成共识，很容易在交易时产生问题，政府职能部门应该加快推动立法改革，建立健全跨境电商信用体系，提高企业进入市场的准入标准，严防不符合资质的相关企业浑水摸鱼扰乱市场秩序。还需要建立企业信用数据库，政府部门应该对各平台、金融机构、贸易企业的数据信息进行统一采集和数据编码，向有需要的机构或企业开放相关数据资源并实现有效对接。

（三）加快国际物流系统发展

首先需要强化物流基础设施建设，多式联运系统尚未完全成熟，政府、企业需要投入更多资金、人力、物力以提升跨境电商物流系统的运作效率。一方面，要对跨境电商物流园区或重要港口等枢纽中心的基础建设进行统筹规划，加快多式联运系统建设；另一方面，充分利用自贸区、跨境电商综试区、保税区等平台，帮助企业搭建商品承接、处理、分发中心，建设配套的自动化仓库管理系统，积极扩建海外仓，打通境外物流配送的最后环节。其次是需要优化跨境物流的资源配置，相比国内物流运输业，跨境电商物流存在时效慢、成本高、退换货麻烦等问题，尤其是前两者，是阻碍跨境电商发展的关键问题，所以需要充分利用“一带一路”倡议等有利条件，联合周边国家整合跨境物流网络资源，共同建设能够覆盖全球范围的高效的跨境物流综合服务体系。跨境贸易公司、平台企业应该与航空公司、国际物流公司等开展更多深度合作，实现系统和流程的打通，包裹货物的物流信息与物流资源进行有效对接，不仅能为相关企业提供专业化的跨境电商及物流信息共享服务，同时也能有效实现跨境物流全程追踪，解决消费者在购物时常见的丢件、损坏件、退换货难等问题，同时提高物流的时效性；此外，利用大数据对跨境物流的运营流程进行优化，比如配送环节可以通过对人、货、车进行有效资源整合，通过数字化技术优化配送路线，使配送方案更合理，降低运输成本，提高配送效率。打造跨境电商智慧物流体系，协同境外供应链、配套服务共同发展，根据不同国家和地区的情况，制订适配的信息化物流解决方案，保证双方可以信息同步共享，保证供应链整个链条上的每个环节实现精准对接，从而提高运营效率。综上所述，受新冠肺炎疫情、中美贸易摩擦、逆全球化浪潮等背景的影响，全球贸易格局正在发生巨大变化，跨境电商的存在和发展，成为这个时代下对抗国际贸易下滑的有利方式。在全球供应链加速重构的过程中，虽然我国正面临着扩大市场艰难、技术瓶颈制约、成本控制空间有限、缺乏国际上有竞争力的核心企业、中小企业融资难、资金链不稳定、区域合作伙伴重构带来的不确定性等多重压力和限制，但是也正是因为全球供应链在加速重构，为我国跨境电商带来了新的机遇，跨境电商突破了时间和空间的限制，减少了中间众多信息不对称的环节，消费者可以直接与厂家、品牌方在平台实现对接，一方面消费者需求被释放，跨境电商经济将迎来新的增长机会，另一方面，新模式新技术新业态的应用，将我国跨境电商的运营效率、服务体验不断升级，向“买全球，卖全球”的目标不断迈进。

第六章　跨境电商与进出口贸易

第一节　我国进出口贸易与跨境电商发展概述

一、我国进出口贸易的发展现状与挑战

（一）我国进出口贸易的现状

1. 我国进出口贸易发展历程

1949 年中华人民共和国成立之后，国家坚持对外开放，但是当时国际形势严峻，国内经济实力不足，国际地位不足，导致对外贸易进程缓慢。1978 年进入改革开放时期，为加快现代化建设，我国投入大量人力物力用于发展对外贸易，这四十年间不断引入先进技术、借鉴国外先进经验，进军国际市场主要参与国际分工和市场竞争，进出口货物总额明显上升。20 世纪 80 年代，中国对外贸易的商品构成有很大变化。出口结构已从以往的基础产品变成了工业化完成品，这一般体现在从轻工业产品向工业机电产品的变化。21 世纪以来，对外产品以非劳动密集型产品为主，例如电子工业产品。除了贸易结构的转变，更多的是外贸经营主体的变化，以往的出口企业以国有大型企业为主，对外贸易的加速为越来越多的中小型企业提供了机会，其中包括私人企业和外资企业。20 世纪 80 年代末，中国加工制造业企业得到迅速发展，加工贸易出口额度明显上升，充分发挥了中国劳动力人口红利，带动了大量就业人口；21 世纪前十年，我国的第三产业出口总值从 719 亿美元增长到 3624 亿美元，增长了三倍多。2010 年，我国获得了和东盟自由贸易区 50% 的零关税商品，这种贸易模式成功地使得中国与东盟之间的双边贸易得到了很好的发展，这很大程度上使得双方的贸易得到了保障。随着 2013 年“一带一路”倡议的出台，中国的发展再次达到了一个高潮。通过多年的发展，中国的国际地位一直在提高。自从 WTO 到“一带一路”，我们已经与世界各国（地区）建立了完善的贸易体系，同时也与多个地区和国家建立了自贸协

定，全球合作伙伴数量已达到 231 个。

2. 进出口贸易总体发展情况

随着当今经济的全球化发展，全球贸易的步伐正在加快，涉及的行业范围越来越大，贸易规模也在逐步增加。

2009—2011 年的结果显示出下降的趋势，中国的出口减少，进口增加，但显示出贸易顺差。从 2011 年到 2015 年，数据从 2015 年的 1549 亿美元增加到 5939 亿美元。说明我国这段时间出口额明显上升，且出口幅度远高于进口，整体变现在贸易顺差，贸易优势较大，但是 2015—2018 年逐渐下降，说明我国贸易优势在减弱，出口下降，进口上升。2015 年，中国已开放了一个贸易市场，人口红利巨大，相对于国外高额的人工成本，中国的人工价格吸引了许多外国企业和投资者，商品生产较多，出口优势明显，随后我国劳动力相比东南亚等其他国家优势不足，部分产能被东南亚地区转移，导致出口商品种类和规模降低，呈现出下降趋势。

随着“一带一路”倡议的提出，各沿线外贸交易也逐渐发展起来。“一带一路”倡议在很大程度上成为了中国及沿线国家新的经济增长引擎，使得沿线国家都享受到了该政策带来的巨大好处。2019 年总体进出口增长 9.7%，超过我国总额贸易额的 5.8%。从出口角度看，前四个出口国是巴西、墨西哥、俄罗斯和意大利；从进口角度看，前四个进口国是巴西、俄罗斯、越南和智利。“一带一路”倡议取得了良好成绩，促进了中国经济的快速发展。

（1）进出口贸易各省市分布情况

从地区上看，2020 年出口大省市包括广东（26%）、江苏（16%）、浙江（13%）、上海（8%）和山东（6%）。究其原因，这与地理位置和经济发展水平有一定的关系，广东与江浙沪处于沿海地区且作为一线城市，经济水平发展处于全国领先地位，相对中部和北部其他城市，这些南方城市具有更多的经济和资源优势，因此总的来说发展得更好。

（2）进出口贸易产品结构情况

进出口贸易的产业结构是指某个国家在某时期内，每种商品在所有进出口方面占据的比例。根据 EPS 数据整理得到 2020 年的数据显示，根据出口类型的不同，基础产品里面有关于运输设备方面的为 48%，比例最高；其次是工业产品，包括一些杂类，占有 23%；轻质纤维产品和塑料产品占 16%；化学品和相关产品占 7%。主要产品占出口的大部分，表明中国的出口主要是工业方面的成品。

从进口产品来看，进口产品中机械及运输设备占比最多，为 39%，其次为矿物燃料、润滑油及有关原料，占比为 16%，非食用原料占比为 13%，化学品及有关产占比为 11%。由此可以看出，在进口产品中以初级产品为主。

（二）我国进出口贸易面对的挑战

1. 同类型沿海城市竞争较大

我国沿海分布着三大经济圈：环渤海、珠三角、长三角。这些城市位于沿海，拥有上海港、深圳港、广州港、天津港等众多港口，经济方面天然地拥有海运和陆运两种物资运输方式，大宗物品运输效率成本更低，承担进出口贸易的角色；在社会方面，人员流动更大，服务业发达，社会思想也更加开放。以青岛为例，虽然青岛是山东的经济龙头，2019 年国家在青岛设置了“上合示范区”和“山东自贸区”，但青岛没有类似其他沿海发达地区的工业带等支撑，另外的产业构建产业链仍然困难。迄今为止，青岛的发展仍然是国有企业占据主要角色，其他经济体制发展很有限，作为生产基本元素成本的土地和住房成本以及融资成本仍然很高，令各路投资商望而生畏。而各级发展的城市上线下线都比较优质，导致沿海地区竞争较大，压力明显。

2. 出口上升空间有限

我国虽然是贸易大国，每年进出口额呈现上行趋势，但是随着国际贸易自由化的加速，国内的劳动密集型产品优势在逐渐下降，而东南亚有一种成为新的劳动力工厂的趋势。传统贸易的黄金时代已经过去，指数型增幅难以实现，出口上升空间有限。由上述分析也可以看出，我国在 2018 年处于下降水平，贸易上涨幅度较低，这与当今经济形势和全球贸易发展水平有关。我国虽然在相当一段时间内是贸易顺差，但是额度较小，我国出口竞争力正处在稳步下滑通道之中，以大宗商品进口为主的一般贸易逆差将持续扩大，总体顺差优势在逐渐减小，占 GDP 比例也会下降。因此面对上涨有限的空间，如何调整出口贸易产品，增强我国出口竞争力是关键。

3. 地区发展不平衡

经过以上分析可以看出，出口地区更多的集中于广州、浙江、上海和江苏，其他地区出口占比明显较低，虽然这与当地地理优势和经济发展有关，但是贫富差距的进一步扩大不利于实现共同富裕的国家政策，长此以往，发达地区愈加发达，而欠发达地区经济得不到发展，不具备出口优势，竞争力较低，这不但浪费劳动，而且该地区的平衡发展也会受到影响。所以，怎样处理区域经济不平衡的问题很关键。

二、二者发展现状对比

（一）关于国内出口地区分布的对比

对比地区分布发现，我国出口贸易集中在广东和江浙沪地区，跨境电商同样集中在这几个地方，但是比例有所下降，说明跨境电商下的出口地区更多的走向内部地区。比如山东和河北，具有丰富的劳动力优势，出口占比加大。

研究发现在跨境电商的影响下，出口地区占比发生情况发生了改变，可以看出 2018 年我国出口地区中，广东省占比 26%，但是在跨境电商中占比仅为 23.3%，占比减小，同样的江苏省占比也在减小，由 16% 降低为 9.5%。广东依然居第一，但是份额降低，由广东省转向了其他城市。由于不同地区受到互联网红利效果可能存在的不同，跨境电商的发展也表现为不同。最为明显的是北京，跨境电商下出口份额跃居第五，占比 9%，作为华北平原内陆地区，相比沿海地区有地理位置上的劣势，但是在跨境电商下，北京市市场份额直线上升，说明跨境电商给内陆城市带来了更多出口机会，扩大其国际市场。

（二）关于出口产品分类的对比

对比出口产品发现，我国出口贸易产品集中在工业制成品和非食用的原料，而跨境电商出口产品范围更广，更加聚焦和轻量级，种类多样，涉及消费群体越来越多。

由于出口产品路径的不一致性，难以得到同等分类的产品情况，但是在上述的分析中依旧可以看出，2018 年我国出口产品和跨境电商下的出口产品存在明显差异。首先，我国出口产品集中在工业产品和初级产品，尤其是机械运输设备占比最多，达到 48%；跨境电商下出口产品最多的为 3C 电子产品，占比为 18.5%。其次，在传统贸易下轻纺产品占 16%，而跨境电商下的服装服饰为 12.4%，跃居第二，说明跨境电商下，人们更注重生活质量和舒适感，选择范围更加广，产品种类更加复杂。

（三）关于出口目的地分布的对比

对比出口地区发现，不同情况下出口国家（地区）占比发生了明显变化，美国由 19.3% 下降至 17.5%，日本由 5.9% 下降至 3.4%，法国在跨境电商下则直接跃居第二，占比 13.2%，远远超过其他国家（地区），而俄罗斯位列第三，占比 11.3%。出口国家（地区）从非美国以外的亚洲国家（地区）转向欧洲国家，说明跨境电商改变了出口贸易的目的地，使得贸易范围更加大，传输距离更加远，克服了传统贸易的远距离运输问题，直接面向欧洲、美洲等地区。

第二节　跨境电商对我国进出口贸易影响机理分析

跨境电商的出现颠覆了传统进出口贸易流程，改变了人们对国际贸易的认知，且随着互联网技术的不断发展，跨境电商涉及行业越来越多，范围越来越广，逐渐形成了更有规模和效率的现代化国际贸易流程。

传统贸易需要双方来回沟通，需要多方参与，涉及大量交易凭证。首先，经过外贸前期洽谈，需要制作各类形式发票，包括报价、交易参考和申请进口许可等一系列材料，然后在双方交易确认之后，根据双方需求和商量制定外贸合同；之后根据合同数量和金额准备货物并运输，运输中需要制作各种出关单据交予海关检查；随后由海关退返核销单、报关单的收汇联和核销联等，并交货付运，在选择不同付款方式比如信用证和发票之后付款，最后办理核销与退税。可以看出上述交易程序复杂，涉及多方交易主体，需要大量证件，时间周期长，较为麻烦，效率低下。

跨境电商下进出口贸易流程有所差异。在出口方面，由生产企业通过平台式或者自营式跨境电商将货物以直接运输或者第三方综合平台运输至消费者手中。在进口方面，由生产商通过跨境电商企业支付货款后，通过电子订单将货物运输至消费者手中。由此可以看出跨境电商下的进出口更加便捷有效，由电商平台与消费者实现零距离沟通，或者电商平台通过第三方平台实现与消费者交流，不仅缩短了交易流程，更重要的是简化了交易程序，通过电商大数据实现便捷高效的贸易。

经过以上分析可以发现，传统贸易和跨境电商进出口贸易存在明显差异，而这种差异会产生不同结果，跨境电商对减低进出口贸易成本、改善贸易结构和提升贸易便利化有显著影响，因此针对其开展以下分析。

一、跨境电商依托技术创新降低交易成本

从交易成本的理论角度来看，专业化的分工和高效的信息传导路径可以很好

地降低交易双方的交易成本。跨境电商依托互联网技术加速专业化分工，同时更好地提高了交易过程中的交易效率。

跨境电商降低进出口贸易交易成本主要表现在以下两条路径：

（一）路径一：线上交流降低沟通成本

在传统的对外贸易下，贸易双方在进行贸易往来的同时需要进行充分沟通，在商品选择、货物运输方式等方面进行反复商讨，最后签订贸易合同，这是一个成本极高、战线极其复杂的过程，而这些所需的成本包括跨境通信费、洽谈费及驻外机构费等，这些都将导致企业的价格竞争力降低。跨境电商在一定程度上降低双方的沟通成本，首先，由传统的电话书信交流改为电子邮件沟通交流，并利用跨境电商平台进行深度沟通，尤其是售前解惑和售后服务对于贸易企业而言，该电子商务平台解决了两方之间的通信问题，例如可以随时随地进行通信的速卖通的“贸易消息”，保证了交易的正常执行。这种方案很大程度上降低了外国贸易商的通讯成本。再者，由于网络技术的持续进步和发展以及各类电子产品的更新迭代与不断普及，商务人士已经意识到他们可以随时使用手机与客户在线交流，改变传统的面对面沟通，降低差旅费、住宿费等不必要的开销，跨境电商大幅缓解外贸中的时间和地域问题，有效降低双方的时间成本。最后，外贸企业可以使用跨境电子商务提供的产品显示链接和产品评级消息来更直观地显示产品，对外贸易双方不需面对面地使用大量的语言进行商品地描述，使得外贸企业可以降低商品销售的成本从而提高商品销售的效率。

（二）路径二：大数据帮助降低信息获取成本

网络技术的快速发展为中国跨境电子商务的成长保障了技术支持。特别是外贸企业能够利用这种方式获得更全面的信息。这与互联网的开放性和实时性密不可分。传统贸易想要获得大量的信息需要花费人力、物力通过不断搜集资料、访谈、新闻等方式获取产品或者交易方信息，然而这种方式得到的信息是不全面且闭塞的。跨境电商带来的平台具备资源优势和技术优势，一方面可以使外贸企业站在更宏观的角度，通过平台上披露的行业信息和国内外信息，得到更全面和及时的信息，相比传统的报纸和新闻，互联网信息更加高效迅速，一旦市场或者环境发生变化，外贸企业可以基于有效信息做出更科学的决策，并帮助他们发展。再者而言，大数据时代的到来，对于很多商业信息的统计分析是跨境电子商务的必要技术工具。利用大数据统计分析，大型电商平台可以很好地了解消费者的消费习惯及消费倾向，这可以使得我国外贸企业能够更加有针对性地为消费者进行服务。传统贸易无法获取消费者相关信息，只能凭着专业判断和随机调研获得消费者的喜好和需求，但是随着大数据更加深入各个行业，覆盖面更广，就可以通过大数据云计算等方式获得消费者在产品价格、特点、功能等方面的需求信息，进而设计符合消费者心意的产品。从另一个角度看，避免了生产资料浪费，以多数消费者的喜好决定了产品销售方向，具有一定的实际意义。

二、跨境电商改变贸易中介从而影响贸易结构

贸易中介理论认为，中介机构的参与会使得国际贸易更具效率，同时中介机构也能够在其中赚取合理利润。而跨境电商中互联网基础的存在大大改变传统贸易中介的作用，不仅提高市场交易效率，更重要的是改变贸易结构，加强产品技术创新，促进企业发展。

跨境电商改变传统贸易中介，对生产者的刺激加速了产品创新，从而改变了贸易结构。其影响机理主要表现在以下两条路径：

（一）路径一：降低贸易门槛、优化产品结构

在传统国际贸易模式中，由于高昂的销售成本和商业沟通的不便利，往往是产品生产者占据供需关系的主导地位。生产者生产商品，通过广告、公关等方式宣传产品，消费者则根据现有产品进行选择。但在跨境电商高速发展后，国际贸易的商业沟通变得简单方便，提供多样化平台，吸引不同行业的企业进入国际市场，形成专业市场，比如物流运输业和各大类型经销商，这些企业作为中介机构，在消费者和生产者之间架起一座桥梁，通过将商品集中购买和运输将产品送到消费者手中，一步步形成稳定的供应链，在此供应链环节中经过优胜劣汰、市场选择使得生产者市场竞争加剧，从而导致其改进生产技术、改善产品质量，既推动了相关产业的良性发展，又提高了生产方研发创新的积极性，丰富了产品种类和规模。

跨境电商的高速发展带动了产品结构变化，知识密集型和技术密集型产品优势受到威胁，产品竞争加剧。传统商品无法实现消费者对于产品日益提高的要求，因此他们依赖于定制和更加个性化的商品。因为跨境电子商务的商品具有一些特有的性质（例如小批量、高价值产品），它们通常通过航空发送。同时随着人力成本的上升，在产品创新和技术创新方面的投入加大，传统的劳动密集型产品优势在逐渐降低，外贸企业面对的成本压力和产品创新压力更加严重。在这样的背

景机遇下，跨境电商为外贸企业的转型带来了新的机遇。外贸企业规模和数量逐渐加大，从劳动密集度产品转向知识和技术密集型产品，产品种类更加多元和丰富，行业范围越来越广。以浙江义乌市为例，作为远近闻名的商品市场，义乌吸引了大量消费者和国内外游客，每年交易额都在变化，但是上升空间有限。而后随着电子商务模式的发展，浙江义乌商户选择出口贸易以在线批发销售、网络直播、海外购物网站等方式出口商品，使得其 7 万用户和数以千万计的产品遍布各大电商平台，全球消费者、采购商等都可以通过电子平台直接选择所需产品下单，以电子支付方式交款，通过物流系统运输至消费者手中。

（二）路径二：弱化地理优势、改善区域结构

传统贸易中，进入国际市场的是资金资源技术各方面雄厚的大型企业，对于中小型企业存在较高门槛，难以进入国际市场，造成对外贸易主体单元化。跨境电商给予了中小企业进入国际市场的机会，通过充分利用互联网技术，客户群体更加多元化和规模化，交易平台更公开透明，更加有利于中小企业发展。

因此，跨境电商带来的不仅是产品结构的变化，也是区域结构的变化。传统贸易下，在地理位置的限制下，出口地区集中在长三角等沿海地区，进口国集中在美国等贸易大国。如今跨境电商的出现，进出口区域发生明显变化。进出口区域由沿海地区转向全国各地，包括内陆地区和偏远地区，可以说跨境电商实现了零距离、零误差，加速了不同区域的经济发展。互联网技术为其提供了公平的交易平台。以内陆地区河南省为例，作为人口大省，因为地理位置，经济发展相对较差，但是随着跨境电商的发展，河南省出现一大批外贸企业，通过企业生产加工销售至全世界，有效带动了河南省经济发展。同样的，跨境电商给予了其他小国更多机会出口当地产品，以东南亚为例，东南亚具有较大的人口红利，在人力资本较高的今天，东南亚明显的劳动力优势吸引了大量外贸企业投资建厂，借助跨境电商优势将产品销售至国内。这不仅有助于当地经济发展，也加速了对外贸易进程。跨境电商不仅改变了产品结构，也改变了区域结构，带动不同地区实现经济发展。

三、跨境电商形成产业集聚、促使贸易便利化

贸易便利化一般是指使用新技术或其他措施，简化和协调与贸易有关的程序和行政障碍，降低成本，推动货物和服务更好地流通。跨境电商以其轻量级，低门槛的特点，加快了产业集聚促使贸易的便利化。

跨境电商形成产业集聚、提升贸易便利化主要表现在以下两条路径：

（一）路径一：集聚效应加速规模经济

跨境电商使许多中型企业、小微企业有更多的机会走入国际市场，随着各行各业企业在对外贸易中的投资加快，基础设施建设、人力资源、生产原料等生产要素加快集聚，规模效应成型吸引更多企业，形成良性循环，从而产生产业的聚集效应。产业集聚的优势便是能够提高规模效应，在降低国际贸易成本的同时，也能提高贸易的便利程度和效率。跨境电商之间的竞争激发了企业的科技进步动力和产品创新能力，许多大型外贸企业开始选择培养自己的品牌，从唯品会到海淘，从考拉到小红书，这些电商平台越来越趋向于专业产品集聚，形成规模巨大的产业群。比如拥有大量喜欢美妆用户的小红书和母婴产品用户的宝宝树，其企业分工和专业化更加明显，品牌塑造更加鲜明。同时从完善供应链、建设海外仓库等方面提升企业竞争力。目前全国各跨境电子商务综试区自建立以来，已建成超过百家配套产业园区，吸引入驻企业超过10000家。尤其是对于物流企业而言，当某一产业的集聚程度不断提高时，物流企业多选择在集聚地周围建立物流集散中心，就能够大大减少物流里程，提高货物从集聚地到港口、机场的便利程度，物流成本也会显著降低。如此可形成良性循环，各产业集聚相应加强，更能突出规模经济优势，便利度明显提高，成本降低，吸引更多企业形成规模化的贸易。

（二）路径二：政策支持易于集中管理

世界经济贸易的发展导致跨境电子商务的进一步加速，随着国家间贸易规模的逐步扩大，对中国经济的影响不言而喻。同时，随着经济的发展，国家出台了有关政策，支持跨境电子商务促进贸易，加快外贸进程，针对各种性质的贸易问题提供了特殊政策。随着东盟自由贸易区（AFTA）的发展，中国与东盟之间的贸易正在逐年扩大，2020年的贸易额创历史新高。2020年，中国与东盟的贸易体量增长到了5148亿美元，同比上升了13.8%。这是我国与各方面的贸易伙伴之间增长速度最快的一个。中国依旧是东盟最直接的经济投资的大流。AFTA对出口具有纯粹的贸易创造效应。最重要的是，自由贸易协定对进口贸易创造的影响比对进口转移的影响更大。AFTA通过消除关税和非关税壁垒来促进东盟成员国之间的贸易，从而实现纯进口和出口。贸易创造效应也对进口产生贸易转移效应。

在国家政策和税收优惠政策的支持下，贸易区可以实现稳定发展。自由贸易区和试验区等不同的合作模式促进统一的管理和运作，并提高政策效益。跨境电子商务的成长对经济本体形成了重大影响，规模经济是利用跨境电子商务展现的。此外，政策的保障创造了多种合作模式，提高贸易便捷度，可以更加高效地推进跨境电子商务长期发展。

第三节　跨境电商影响进出口贸易的理论基础与机制分析

跨境电商区别于国内电子商务主要在于交易双方分属不同关境，由此带来支付、物流运输、通关等全流程的差别。跨境电商区别于传统进出口贸易在于交易形式主要通过平台完成，由此带来交易商品和服务的种类、交易标的交割、售后服务的创新。为此，讨论跨境电商对进出口贸易的影响，有必要基于一般性的贸易理论，结合跨境电商的特征，讨论跨境电商影响进出口贸易的机制，才能在理论上将跨境电商的影响同国内电子商务和传统对外贸易区分开来。

一、跨境电商影响进出口贸易的理论基础

国际贸易理论自产生以来已经经历了 200 多年历史，随着经济学理论的发展和贸易方式的不断改进创新，国际贸易理论经历了从古典贸易理论、新古典贸易理论到新贸易理论，再到新—新贸易理论等阶段的演变，并在不断完善和发展。其中，古典和新古典作为传统贸易理论，以“比较优势”作为核心理论，注重于解释不同国家产业间的贸易；而新贸易理论以规模经济和不完全竞争为基础，解释产业内贸易；新—新贸易理论则从微观企业层面解释贸易产生的原因。跨境电商对国际分工、国际市场和国际贸易格局均产生了重要影响。

（一）基于传统贸易理论分析跨境电商对进出口贸易的影响

传统贸易理论认为，比较优势的存在是产生国际贸易的主要原因，比较优势的产生、显现和扩大相应会促进国际贸易的增长。传统进出口贸易引入跨境电商后，供需双方直接沟通，信息更加透明，能够显现和扩大更多的存在比较优势的商品、服务乃至交易环节，促进进出口贸易的深度和广度。

1. 古典贸易理论

古典贸易理论产生于 18 世纪中叶，包括亚当•斯密（Adam Smith）的绝对优势理论和大卫•李嘉图（David Ricardo）的比较优势理论，致力于从生产技术

差异的角度解释国际贸易产生的原因，即国家之间劳动生产率的差异导致贸易的产生。

绝对优势是指一国相对于另一国在某种产品的生产上有更高的劳动生产率，亚当·斯密认为，在两个国家生产两种商品的情况下，若两国在不同商品的生产上分别拥有绝对优势，此时两国根据各自的绝对优势进行专业分工生产并进行贸易，则都能从贸易中获益。

按照该理论，一国要参加国际贸易，必须在某种产生的生产上相对于贸易伙伴具有绝对优势。然而，绝对优势理论无法解释落后国家（在多种商品的生产上都处于绝对劣势）参与国际贸易的原因。对此，大卫·李嘉图在 1871 年提出了比较优势的概念：一国在两种商品生产上较之另一国均处于绝对劣势，但只要处于劣势的国家在两种商品生产上劣势的程度不同，处于优势的国家在两种商品生产上优势的程度不同，则处于劣势的国家在劣势较轻的商品生产方面具有比较优势，处于优势的国家则在优势较大的商品生产方面具有比较优势。两个国家分工专业化生产和出口其具有比较优势的商品，进口其处于比较劣势的商品，则两国都能从贸易中得到利益。也就是所谓的“两利相权取其重，两弊相权取其轻”。比较优势理论成为传统贸易理论的核心，时至今日仍然发挥关键作用。

李嘉图模型建立在两个国家、两种商品、单一要素（劳动）假设的基础上，因此劳动生产率的不同是国际贸易的唯一决定因素。

2. 新古典贸易理论

根据李嘉图模型的分析，劳动是唯一的生产要素，因此比较优势的唯一来源就是劳动生产率的相对差异。然而，在现实当中，劳动生产率的不同并不能完全解释国际贸易的成因，贸易还反映了国家之间资源禀赋的差异。

综上所述，可以发现传统贸易理论的核心是比较优势理论，其中李嘉图模型和赫克歇尔·俄林模型的区别在于比较优势的来源，前者假定劳动生产率差异是比较优势的唯一原因，后者则在此基础上提出了要素禀赋差异在比较优势形成的核心作用。

（二）传统贸易理论关于跨境电商影响进出口贸易的解释

1. 跨境电商扩大了比较优势的内涵

传统国际贸易理论将国际贸易产生的原因归结为比较优势，无论是李嘉图的劳动生产率比较优势，还是 H-O 的要素禀赋比较优势。跨境电商的出现，将比较优势的概念和范围扩大，比较优势形成的基础不再局限于土地、劳动、资本、原材料等传统生产要素，知识、信息、物流等新兴要素对比较优势的作用越来越大。

随着电子商务的发展，国际贸易商品中知识密集度产品会越来越多，因此比较优势的内涵发生了变化，知识在比较优势的重要性越来越大。所谓“知识比较优势”是指“主要由知识要素的差异造成的各国在产品生产能力上的差异”。“它与电子商务经济的发展相适应，具有很强的动态性，它可以使某些产品摆脱现有资源的限制，从而在国际分工中处于一个有利的地位。这个概念能够比较好地把目前的各种观点统一起来，又能与电子商务经济的发展相匹配”。而且，随着电子商务的发展，企业的核心能力、客户、知识技术等要素发挥的作用越来越大。

另外，跨境电商涉及交易、外汇支付、物流、税收等多个环节，体现出信息技术、制度（汇率制度、财税制度）、服务、基础设施（物流）等多个方面的比较优势。因此，一国在国际贸易中所能发挥和利用的比较优势极大丰富了。

随着发达国家互联网和物流等基础设施的完善，这些国家的电子商务和跨境电商将快速发展，形成推动全球贸易增长的新动力。在此背景下，由于发展中国家互联网等基础设施相对落后，缺乏比较优势，短期内电子商务的好处主要体现在发达国家，随着发展中国家的技术进步，他们会越来越多地从电子商务中获益，最终电子商务会使全球所有国家获益。

2.跨境电商拓展了生产可能性边界

生产可能性边界是对李嘉图比较优势理论进行解释时使用的最重要的分析工具，其中一个重要前提就是技术保持不变。但在目前技术发展日新月异的前提下，这种静态分析方法和假设受到了极大挑战。

跨境电商兴起背后的直接推动力是信息技术的发展，制造业中的自动控制、智能机器人的运用，到流通领域中的电子数据交换（EDI），再到基于互联网的大数据应用和处理技术，是跨境电商交易信息传递、跨国物流运输、集中通关等得以实现的重要现实基础。随着交易的增长和需求的刺激，现代信息技术发展日新月异，更新换代极快，这使在静态环境下的技术不变和生产可能性边界假设对现实的解释力的丧失。

由此可见，在现实生活中，由于社会政治和经济技术变化的动态性很强，而生产可能性边界只能在静态假设的基础上作短期的经济分析时来表达机会成本的概念，加之在一个很短的时段内宏观和微观层次上的资源是有限的，因此，生产可能性边界还被作用于在宏观层面和微观层面上有效利用资源的基准尺度。除此之外，在技术变化程度很大的情况下，生产可能性边界可能就会失去作用。

（三）基于新贸易理论分析跨境电商对进出口贸易的影响

规模经济的发现是新贸易理论解释国际贸易的重大贡献。一般认为，生产端更加倾向于实现规模经济，但消费端更愿意追求个性化，为此在一定阶段后，规模经济的效益将下降。引入跨境电商后，可以最大范围集成消费端的各种需求，将多个个性化的需求组合成标准化的需求，从而满足生产端的规模经济，较好地解决了生产者的规模经济和消费者的多样化消费的矛盾，进一步扩大规模经济效益，推动进出口贸易的发展。

1. 新贸易理论关于国际贸易的解释

第二次世界大战以后，随着科学技术的进步和国际分工的纵深发展，国际贸易空前发展，呈现出新的态势和特征：产业内部贸易增长迅速，发达国家之间的“水平贸易”发展，这些现象都是传统贸易理论所无法解释的。按照传统贸易理论，国家之间的生产技术和资源禀赋差别越大，比较优势就越明显，贸易的可能性与贸易量也就越大，因此国际贸易的主要形式应该体现为发达国家与发展中国家贸易之间的产业间贸易（而李嘉图模型和 H–O 模型只能解释一国为何进口或出口某种产品）。围绕这些新的现象和问题，20 世纪 70 年代末和 20 世纪 80 年代初，以克鲁格曼（Krugman）为代表的经济学家提出了新贸易理论。新贸易理论改变了传统国际贸易理论中一直以来所坚持的完全竞争市场和规模报酬不变的假设，建立了一个不完全竞争、规模经济和产品异质性的产业内贸易模型，阐述了规模经济和不完全竞争市场结构与国际贸易的关系，成功解释了战后国际贸易的新格局。

我们通过新贸易理论与传统国际贸易理论的比较，阐述前者的主要内容。

①理论假设：传统国际贸易理论的基本假设是产品同质、完全竞争和规模效益不变，而新贸易理论假设差异化产品、垄断竞争以及由此产生的规模效益递增。一般而言，初级产品行业的产品同质性较强，但大多数工业制成品都属于差异性产品（即基本功能相同，但品牌型号等方面存在差异），随着各国工业化程度的提高和工业制成品在经济生活中的地位日益重要，差异化产品在国际贸易中的角色越来越重要，同时大量的国际贸易是由跨国公司而不是小规模厂商（作为价格

接受者）所完成的，这些因素决定了国际贸易中的垄断竞争市场结构。这就意味着厂商对产品保有部分定价能力，同时带来规模经济。因此，厂商通过出口在国外市场销售更多产品，能够降低其平均成本，从而解释了贸易双方在技术和要素禀赋都相似时贸易仍会发生的可能。

②结论：传统国际贸易理论认为，比较优势决定贸易模式，不同国家进行产业间分工，专注于生成与出口其具有比较优势的产品。新贸易理论则认为，在资源有限和没有国际贸易的前提下，生产者的规模经济和消费者的多样化消费存在两难冲突，而国际贸易能够扩大市场规模，从而协调这一矛盾。因此，每个国家只集中生产一种产品中的某几个品牌并出口，以此获得规模效益。

③贸易模式和贸易量：根据新贸易理论，国际贸易不只体现为不同要素禀赋、技术水平的国家间的产业间贸易，还体现为相似国家之间的产业内贸易，而要素禀赋的差异和国家的经济规模同时决定了贸易量。

④贸易的获益：传统贸易理论中，贸易的利益来源于专业化分工带来的生产效率的提高；在新贸易理论中，贸易的获益还体现为消费品种类的增加、生产成本与产品价格的下降。

2. 新贸易理论关于跨境电商影响进出口贸易的解释

对于标准化的产品和服务，跨境电商和传统贸易一样，通过 B2B 和 B2C 模式，容易实现批量化大规模生产，发挥规模经济效益。但相比于传统贸易，跨境电商的供需对接更加直接，沟通更加便利及时，甚至可以运用大数据、云计算等新技术，更加全面地展示供需信息，这将极大促进企业标准化、小型化产品的生产，扩大了其市场范围，提升了规模经济效益。

对于差异化产品与个性化服务需求，跨境电商能够最大化地集成同样标准的商品和服务，有利于将分散的非标准需求或者供给聚合成规模化的需求和服务，从而有利于将没有规模经济效应的商品和服务，改变成具有规模经济效应的商品和服务，更容易实现批量化大规模生产，发挥规模经济效益。跨境电商的出现，极大地促进了企业标准化、小型化产品的生产，扩大了其市场范围，提升了规模经济。比如，跨境电商中的 C2M 模式，在该模式下，通过互联网将不同的生产线连接在一起，按照客户的产品订单要求，设定供应商和生产工序，最终生产出个性化产品的工业化定制模式。跨境电商比传统贸易方式下产品类目多、更新速度快、具有海量商品信息库、个性化广告推送、口碑聚集消费需求、支付方式简便多样等优势；企业可以获得大量的产品和消费者个人数据，并综合运用网站优化策略、差异化服务策略、关系营销策略和搜寻引擎营销策略开展全方位的售前、售中和售后服务；由于掌握更多的顾客数据，跨境电商企业更能设计和生产出差异化、定制化产品。

内部规模经济在生产过程中具体表现为产品差异化。随着市场订单碎片化、个性化和差异化产品越来越重要，企业生产的规模经济和消费者的多样化选择面临的矛盾更加尖锐，而跨境电商的出现，通过扩大国外市场、获取消费者需求，能够解决这一矛盾。跨境电商的出现，一方面使消费者的差异化和个性化需求可以更容易地传达给企业，从而使其生产更加差异化的产品满足市场需求，通过大数据沉淀，可以进行客户喜好分析，从被动营销到主动营销，预见订单，实现个性化定制；另一方面消费者可以通过互联网了解国际上不同品牌产品在价格、性能等各方面的差异，从而决定自己的购买取向。信息流的畅通加快了企业与消费者之间的信息沟通和交流，国际贸易的规模也得以不断扩大。

（四）跨境电商扩大了规模经济的内容

规模经济按照供求双方关系可以划分为供给方规模经济和需求方规模经济。供给方规模经济即我们通常所说的传统意义上的规模经济，指随着产量的扩大，平均成本降低；而需求方规模经济又称为网络外部性，是指消费的增加带来新的消费用户增长，从而扩大市场范围，提高厂商收益，因此，使用网络的人越多，它对每个人的价值就越大。在传统商业模式下，国际贸易中主要是供给方规模经济发挥作用；但在跨境电商中，既有需求方规模经济，又有供给方规模经济。在电子商务经济中，由于信息的主要载体是互联网，所以需求方规模经济就体现在通过互联网在消费者群体中产生的影响（正反馈效应）。周围群体对某种商品的评价、对某一购物平台和社交手段的使用，会成为影响消费者购买选择的主要因素。同时，跨境电商的实时性和交互性，会使这种影响迅速地传播。这个过程持续下去，就会形成不断自我加强的正反馈效应。有专家进一步提出，电子商务交易平台具有其特殊的双边网络外部性，其中，买方的网络外部性（对于卖方用户而言）是指更大规模的买方用户网络可以提供更多成交可能，卖方的网络外部性（对于买方用户而言）是指更多的卖方用户往往意味着更多可以选择的商品和服务。

（五）基于新—新贸易理论分析跨境电商对进出口贸易的影响

新贸易理论基于企业的异质性解释国际贸易，该理论表明生产效率高的企业更容易实现出口、国际竞争力更强，能够提高企业效率的因素也就能够促进企业出口，比如贸易自由化等。跨境电商带来了贸易便利化，减少了中间环节，降低了贸易成本，促进了企业特别是中小企业参与国际市场的效率提升，推动了进出口贸易的发展。

1. 新—新贸易理论关于国际贸易的解释

传统贸易理论和新贸易理论都假定企业是同质的，产品生产是一个“黑箱”过程。但随着国际分工的深入发展，出现了以企业为核心的国际贸易新格局。在此背景下，新—新贸易理论从企业层面出发，通过考虑企业的异质性来解释更多新的企业层面的贸易现象。

新—新贸易理论包括两个分支：一个是以 Melitz 为代表的异质性企业模型，主要用来解释企业的贸易和投资等国际化路径选择；另外一个分支是以 Antras 为代表的企业内生边界模型，用来解释企业的外包和一体化等全球组织生产选择。下面我们主要介绍异质性企业理论。

异质性企业理论是在一些实证研究的基础上形成和提出的。关于企业国际化选择的文献发现，大部分企业不参与出口，且参与国际贸易的小部分企业在规模和生产率上远高于不出口的企业。而这些实证结果是之前的贸易理论难以解释的。

Melitz 开创性地将企业异质性纳入垄断竞争模型中，来解释国际贸易中企业的出口决策差异。他以垄断竞争动态行业模型为基础，扩展了 Krugman 的贸易模型，同时引入企业生产率差异。模型假定潜在厂商通过支付固定进入成本来进入某个行业，而每个厂商的生产率水平在进入市场后由外生的分布函数给定，同时所有厂商面临外生的行业退出概率。模型的分析表明，只有生产率高的企业会进入出口市场，而生产率低的企业只为国内市场生成甚至会退出市场；贸易自由化会通过选择效应和再分配效应使整个行业的生产率提高：其中，通过国内市场选择效应，边际成本最高的企业通过竞争被市场淘汰，通过出口选择效应，边际成本最低的企业进入出口市场；再分配效应是指出口使生产率较高的企业扩大规模，资源从低效率企业向高效率企业流动。

异质性企业模型可以扩展到分析企业通过什么方式服务国际市场（出口或

FDI）。Helpmanetal 拓展了 Melitz 模型，考虑企业对外直接投资的决策，即企业是以出口还是 FDI 的形式参与国际市场。研究发现，企业选择出口还是 FDI 是由企业根据其生产率预先决定的。引入企业异质性后，可以将统一产业内的不同企业加以区分，确定哪些企业从事出口，哪些企业成为跨国公司。企业根据生产率差异进行自我选择：只有生产率最高的企业才会成为跨国公司，生产率中等的企业选择出口，而生产率较低的企业只在国内市场销售。

可以发现，新—新贸易理论将国际贸易的研究范畴从传统贸易理论研究的产业间贸易转变为同一产业内部有差异的企业在国际贸易中所作的选择，为从更加微观、具体的层面解释国际贸易提供了理论指导。

2. 新—新贸易理论关于跨境电商影响进出口贸易的解释

（1）优化资源配置

跨境电商的出现，使得产品信息（价格、质量等）通过互联网变得更加公开透明，供求双方的信息不对称减少，消费者可面临更多的产品、更低的价格，从而厂商之间面临的市场竞争加剧，这（类似于开放国际贸易）同样会产生选择效应和资源再分配效应，即通过市场选择效应，边际成本最高的企业通过竞争被市场淘汰，或无法进入出口市场；通过再分配效应，生产率较高的企业扩大规模，资源和市场份额从低效率企业向高效率企业流动。戈德曼历斯（Goldmanis）研究了电子商务对零售市场结构的影响，他将电子商务看成是消费者降低搜寻成本的手段，认为电子商务将市场份额从高成本企业重新分配给低成本企业，实证研究的三个产业确实发生了这样的改变，只是改变的机制有所不同。

黑塔尔（Heetal）基于冰山成本假设，将电子商务引入国际贸易理论中，提供了电子商务对企业产出、产品价格以及企业利润影响的微观机制，其中商务成本随着电子商务的发展而下降，在此基础上建立了一个两国模型，电子商务的应用降低了进口品价格，促进了企业产量的增加，从而增加企业贸易后期的利润。

（2）降低交易成本

跨境电商通过有效降低企业参与国际贸易的交易成本，促进企业加入国际市场。交易成本是指达成一笔交易所要花费的成本，也指买卖过程中所花费的全部时间和货币成本。在国际贸易中，交易成本可体现为搜寻成本、协议成本、订约成本、监督成本和违约成本。

泰尔齐（Terzi）认为电子商务促进企业直接参与国际贸易的重要原因在于：

一方面，互联网的使用提高了企业供应链管理效率，降低了控制远程交易的成本，使得企业可以把中间品的生产外包给更有效率的上游或下游专业的供应商；另一方面，电子商务的发展为企业提供了更有效率的销售渠道，大幅地降低了传统国际贸易交易中信息搜寻、合同签订与执行、售后服务等交易成本，从而大幅提高国际合作效率。

项薛钦认为，跨境电商降低企业的交易成本主要是通过以下几个渠道：一是跨境电商基于交互式的互联网技术，改变了传统国际贸易的模式，提高了市场的信息完全程度，从而降低了企业搜寻信息和客户的成本；二是跨境电商减少了国际贸易的中间环节，革新了传统的流通模式，缩短了供应链长度，使生产者和消费者的直接交易成为可能，从而拉近了厂商与最终消费者的距离，从而降低了企业参与国际贸易的成本；三是跨境电商通过数据的网上传输，实现无纸化贸易，从而简化国际贸易业务流程，降低交易成本。许文恭则从更具体的方面分析了电子商务对于降低企业交易成本的作用：电子商务通过网上采购，降低了企业采购成本；通过互联网营销模式，降低广告与营销成本；降低订单管理成本；降低客户支持与服务的成本；降低通信成本。

何为和李明志的研究表明，在市场机制下，信誉机制和搜索排名机制能有效缓解物理属性不标准的商品在物理描述信息上的信息不对称，但无法有效缓解物理属性标准的商品在价格信息上的信息不对称；在电子商务平台上部分地用企业机制代替市场机制可以减少交易成本。

马顿斯（Martens）对现有研究欧盟跨境电商的文献进行综述后得出结论：跨境电商可以显著降低与距离相关的交易成本，但其他文化相关的交易成本在网络交易中变得更加重要。高效率的包裹投递系统和互联的电子支付体系等网络基础设施的完善将在一定程度上降低交易成本并使跨境电商更加便利。

综上所述，从经典贸易理论来看，跨境电商对进出口贸易的影响主要体现在：

①增加贸易的可行性。传统国际贸易主要集中于商品贸易，由于服务、信息等在传统贸易模式中的不可贸易性，国际贸易的发展主要局限于商品服务内部集约边际（intensive margin）的扩展，而跨境电商的出现，增加了贸易的扩展边际（extensive margin），这主要体现为：跨境电商促进了服务贸易（运输、旅游、工程承包、金融、保险以及法律等服务的提供与接受）的发展，并催生出一种新型的贸易形式——国际信息贸易。

②在跨境电商模式下，服务贸易可以通过信息网络的“运送服务”方式进行。公司或个人既可以足不出户为全球各地的受众同时提供服务，也可以不出国门就享受来自不同国家的优质服务。而这种从贸易洽谈、服务产品提供到售后服务的全过程只需按动鼠标，轻轻一点即可完成，促进了对外贸易朝着信息和知识密集型方向快速发展。

同时，随着电子商务和信息产业技术的发展，与信息产品及信息服务有关的贸易已从服务贸易中分离出来，以一种独立的新的贸易形式出现。电子商务在提高国际贸易效率的同时，也促进那些支持其运行的产品和服务纳入国际贸易范畴而成为国际贸易对象，信息技术产品的出口额在世界贸易额中的比重不断上升。随着信息网络技术和电子商务的发展，国际信息贸易正从国际服务贸易中分离出来，以一种独立的新的贸易形式出现，国际贸易将出现商品贸易、服务贸易和信息贸易三分天下的局面。

③国际贸易经营主体多元化。跨境电商产生了大批向世界市场提供产品或服务的“虚拟”企业。这种创新型的跨国公司战略联盟与“虚拟经营”采取合作竞争的经营方式，揭开了信息社会公司组织及运作方式变革的序幕。通过开放系统的动态网络组合寻找资源和联盟，这种虚拟公司能够适应瞬息万变的经济竞争环境和消费需求向个性化、多样化方向发展的趋势，给跨国公司带来分工合作、优势互补、资源互用、利益共享的好处。同时，电子商务技术简化了国际贸易的流程，为中小企业进入国际市场提供了有力的武器，扩大了国际贸易的经营主体。

④国际贸易生态发生变化。随着跨境电商的发展，传统的国际贸易中介可能会慢慢消失，作为替代新型贸易中介应运而生，新型贸易中介的出现突破了传统贸易中介简单的转买转卖以及信息匹配功能，而是实现了资源的进一步整合，其存在的形式以及具备的功能已经发生很大的变化：主要形式包括渠道和存储提供者、市场交换者、买卖促成者、需求搜集系统、拍卖经纪人、虚拟市场、搜索引擎、广告网络、社会关系网站等；主要功能有集成买卖信息，搜集、处理和评估分散的信息，促进市场进程，提供基础设施和信用保证，促进买卖者交流。

二、跨境电商影响进出口贸易的机制分析

跨境电商的交易品类、交易主体快速变化，并与传统外贸呈现出明显差异，其主要原因在于：跨境电商能够降低贸易成本、提升贸易效率、优化贸易流程，从而更加适应个性化需求的持续提升，支持更多的企业参与国际贸易，从而推动

进出口贸易的繁荣。

（一）跨境电商拓展进出口贸易的深度和广度

1. 减少贸易壁垒，扩大贸易机会

长期以来，空间的阻隔、文化的差异、信息的闭塞等，制约了进出口贸易的增长。跨境电商借助互联网，以信息网络为纽带，将全球连成统一的“大市场”并将这个无形的虚拟市场以最经济的方式展现在互联网平台上。这个“大市场”集聚了规模最大的供需主体、相对完善对称的供需信息，任何国家的企业、个人可以方便低成本地通过网络来交换信息，突破了传统贸易中必须以一定的地域为市场存在的前提条件，从而在市场设置的环节上极大地减少了贸易壁垒，扩大了贸易机会。

与传统贸易主要集中在发达国家不一样的是，新兴市场借助跨境电商，弱化了参与国际贸易的固有劣势，在跨境电商交易中表现突出。敦煌网数据显示，2012 年以来，敦煌网来自新兴市场的订单增长迅速，交易量翻倍增长，其中新兴市场有意愿进行在线跨境采购的企业占外贸企业的 20% 以上，比例远高于欧美国家。

2. 降低贸易成本，扩大贸易主体

跨境电商基于网络平台交换信息，通过线上或者线下完成服务及产品的交割。由于互联网是开放性的网络系统，有统一的协议标准，通信费用低廉，从而有效减少了传统外贸中的部分交易费用，如货比三家产生的交通费用、交易过程中的协调费用、监督费用等，以及后续交割中的文件处理费用等，从而降低进出口贸易中的总成本。

在传统国际贸易模式下，中小企业参与国际贸易往往需要依赖专业外贸公司提供的交易、通关、金融等服务，由于参与的成本较高，使得众多中小企业无法直接进行国际贸易，至于个人参与国际贸易则门槛更高，很难规模化参与。

跨境电商的发展，淡化了有形市场的概念和功能，简化了国际贸易的流程和环节，提高了供需双方的精准识别率，众多中小企业、小微企业甚至个人，能够以较低成本获取需求信息均有可能直接参与到国际贸易中来，扩大了国际贸易的经营主体。

跨境电商综合服务平台的发展，扩大了规模经济外延。跨境电商适应传统大单集装箱贸易向小单、碎单化的转变，众多一体化综合平台服务商通过整合订单

资源降低服务成本和整合服务商资源集约化服务，如兰亭集势每天可以处理3万件甚至更多的发货订单量，形成新的规模经济，降低中小企业参与国际贸易的门槛，为传统中小企业、小微企业和个人参与国际贸易提供便利。

3. 改善贸易条件，丰富贸易内容

跨境电商规避了传统贸易的诸多限制，改善了贸易条件，扩大了可贸易商品和服务的种类，丰富了进出口贸易内容。

跨境电商促进了服务贸易的发展。综合分析美国、日本、英国、俄罗斯等国家跨境电商交易品类发现，游戏、音乐、电子图书等无形商品和服务占据了重要的份额。随着各国经济的发展，服务贸易的扩大成为一种趋势，跨境电商天然契合无形商品和服务的交割，随着信息技术的进一步发展，跨境电商将推动服务贸易范围和内容的不断扩大，特别是个性化和定制化的服务将获得巨大发展。

跨境电商促进了进出口贸易的品类。跨境电商平台往往提供便利的商品信息展示和查询服务，也能够广泛收集全球消费者的个性化需求，从而为扩大进出口贸易品类奠定基础。母婴产品、美容产品、计算机和手机配件、电子产品和服装等标准化产品是大多数国家跨境电商交易的主要品类。同时，个性化、定制化产品也在快速增长，如手机贴膜、饰品等个性化较强的产品增长率超过主流商品的增速。

（二）跨境电商改变进出口贸易的格局

1. 跨境电商促进了小额零售贸易的发展

跨境电商出口模式主要有大贸（B2B）、小额零售贸易（B2C）与消费者之间贸易（C2C），其中以B2B和B2C为主。进口模式以B2C、海外代购为主。跨境电商B2C主要是借助交易平台来完成交易，一种是通过企业建设独立的B2C网站，如DX、兰亭集势、FocalPrice等；另一种是通过入驻第三方外贸交易服务平台，如eBay、Amazon、天猫国际等。

跨境电商买卖双方借助交易平台完成商品交易过程，改变了传统零售业中的商品流通模式，即以产品管理为中心转变为以顾客需求管理为中心。在传统进出口贸易中，主要模式为企业集中采购，再通过批发转为零售，消费者个体需求信息基本上无法传递给卖方。跨境电商的引入，买卖双方直接交换信息，直接推动了进出口贸易中B2C和C2C的快速增长。

据有关机构预测，未来全球网络零售市场年均增速将保持在12%以上，特

别是随着移动互联网的发展，移动端消费增长潜力更大。中国电子商务发展报告（2020）显示，2012—2020 年，以小额贸易为代表的跨境电商交易额年均增速超过 30%。跨境小额零售的快速发展，直接促进了进出口贸易的提升，同时在一定程度上也对原先的 B2B 产生一部分替代。

2. 跨境电商提升了传统贸易的规模和效率

B2B 引入跨境电商，有利于提高交易的标准化，打破价格歧视，整合物流资源，总体上降低行业成本，有利于帮助企业全球范围内的合理配置优势资源，重构企业价值链。在武汉市某大型钢铁企业调研得知，从 2008 年开始通过电子商务系统与生产系统集成，完成了企业内部结构调整升级，从网上订单到生产计划安排及原材料采购的生产周期由原来的半年至一年降低到 20 至 40 天，2012 年网上销售占总销售量 71.18%，网上采购额（不含铁矿石）66.39 亿元。

B2B 引入跨境电商，有利于企业在充分利用平台信息的同时，凸显固有优势，通过产品差异化策略，将市场的主导权向买方转移，以需求促供给，从而实现企业生产的最大效益。如 2012 年底，海尔联合天猫发起定制液晶电视网络销售活动，然后根据订单结果安排生产，获得了 48 小时销售 1 万台液晶电视的佳绩。

（三）跨境电商提升进出口贸易效率

升级外贸交易手段，提升贸易效率与服务水平。在传统的国际贸易中，全部程序包括签约、洽谈、报关、租船订仓、保险以及支付结算等都必须由人工参与，交易效率低，错误发生率高，受时间的局限性大。跨境电商充分应用信息化技术，最大限度地减少人工参与，并且不受时间限制，大幅提高了企业处理相关业务的灵活性，也增强了国际贸易的透明性，为国内外消费者带来更多的便利。跨境电商借助交互式网络运行机制，为国际贸易提供了一种信息较为完备的市场环境，通过国际贸易这一世界经济运行的纽带达到跨国界资源和生产要素的最优配置，使市场机制在全球范围内充分有效地发挥作用。这种贸易方式突破了传统贸易以单向物流为主的运作格局，实现了“四流一体”，即以物流为依托，资金流为形式，信息流为核心，商品流为主体的全新经营管理模式，通过信息网络提供全方位、多层次、多角度的互动式的商贸服务，使得进出口贸易的效率更高，服务水平更好。

促进配套服务的专业化和一体化。跨境电商的发展，直接推动了物流配送、电子支付、电子认证、信息内容服务等现代服务业和相关电子信息制造业的发展。

具体来看，借助网络载体，电子商务实现了市场信息、客户信息、物流信息和管理过程的高效整合，从而为传统企业的供应链管理提供了便利、提供了更有效的客户关系管理、提高了企业管理效率。

跨境电商的发展带来跨境物流发展，跨境包裹数持续增长。跨境物流服务向资源整合型、服务集约化发展。我国邮政及物流企业、第四方资源整合服务商甚至电商平台均通过资源整合提供集约化的服务等创新模式，适应跨境电商对物流的需求，促进跨境电商不断发展。

平衡贸易差额，促进经济发展。跨境电商的发展改变了国际贸易格局，使平衡进出口成为可能。跨境电商能够适应发展中国家和新兴国家居民消费能力和需求升级的要求，提供全球的货物和服务信息，促进进口，有利于改变长期国际贸易不平衡的格局，对于世界市场重新构造、国际贸易经营管理方式创新、促进国际分工的扩大和深化及跨国公司内部贸易增长的发展有着巨大的推动作用。

跨境电商还具有重塑国际产业链、促进外贸发展方式转变，增强国际竞争力、在经济全球化过程中获取更大的利益，促进本国经济快速健康地发展等作用。

三、跨境电商对提升服务贸易竞争力的影响

同货物贸易相似，跨境电商对培育服务贸易竞争力也同样具有重要作用。由于服务的跨境交付更加便捷，应用跨境电商，将显著扩大服务贸易规模、提升服务贸易效益、优化服务贸易结构和削弱服务贸易壁垒。

（一）跨境电商扩大服务贸易规模和效益

服务贸易在我国贸易结构中处于相对弱势的地位，且对外服务输出规模相对有限，而跨境电商可以一定程度上改善这一局面。第一，跨境电商能够实现服务贸易主体的多元化，促使国际贸易进入“普惠贸易阶段”，即便在传统贸易中处于弱势地位的中小企业，也可以在虚拟电商平台上以低成本、高度专业化的方式将服务产品输出到世界各地，从而扩大我国服务贸易规模。第二，互联网促使众多难以提供的服务变得可贸易化，服务贸易品类得到很大程度的丰富和拓展，例如在线医疗、远程教育、跨国咨询等知识密集型服务。第三，跨境电商有利于打破传统的“二八”定律，在服务贸易领域产生长尾效应。针对传统的服务贸易如电子图书、版权音乐，B2C 服务零售模式，国内服务提供商可以通过跨境电商提供差异化、多元化的服务产品，满足全球范围内消费者的异质性需求，从而开拓服务产品尾部的国际市场份额。

借助互联网交易磋商机制，跨境电商平台有利于削减服务贸易各个环节的时间和成本，提高贸易效率。在贸易前期，电商平台有助于最大程度汇集服务提供方和需求方的交易信息，减少贸易过程中的信息不对称和信用风险。在贸易中期，针对物化的服务产品，跨境电商通过数字化的海关申报方式以及智能化的物流操作，可以有效降低服务贸易的流通成本。在贸易后期，跨境电商能够提供可追溯的售后服务，解决了传统服务贸易生产与消费同步性带来的消费者顾虑，从而提高服务型企业的用户粘度和市场影响力。因此，积极打造服务贸易跨境电商平台，对于提升服务贸易经济效益大有裨益。

（二）跨境电商优化服务贸易结构、削弱服务贸易壁垒

1. 跨境电商有利于重塑服务贸易格局

跨境电商能适应服务贸易数字化、集约化和标准化的发展趋势。目前，全球服务贸易中已有 50% 以上实现数字化，而这一比例将随着跨境电商的推进逐步攀升。数字技术在促进服务贸易便利化的同时，有利于催生新的服务业态和服务模式。其次，跨境电商平台有利于促进研发、设计、物流、配送、销售等生产性服务业更加系统化和集约化，形成分工明确、配套协作的全球服务贸易体系。再者，由于跨境电商突破了传统贸易的时空界限，服务要素市场和服务产品市场的全球化进程加快，将对国际知识产权保护、环境和劳工标准、贸易结算等规则提出标准化的需求。跨境电商的出现为发展中国家的中小企业提供了前所未有的市场前景和商业机遇，有利于打破服务贸易由发达国家主导的局面。根据互联网数据资讯中心预测，2016—2021 年，中国、马来西亚、印度、印度尼西亚、菲律宾均将以年均 17% 以上的增速引领国际跨境零售的增长。跨境电商为发展中国家参与全球服务贸易竞争提供了更加公平开放的平台，有利于改善国际服务贸易南北失衡的格局。

2. 跨境电商的发展带来支付、物流等服务能力的提升，增强相关行业的竞争力

一是推动第三方支付的兴起，这为提升我国金融服务贸易的竞争力提供了机会。与发达国家相比，我国金融服务起步晚，整体竞争力不强，在服务于人民币国际结算、对外直接投资等方面，存在薄弱环节。重要原因是，在传统的信用证支付体系下，信用证支付需要经过开证行、通知行、寄单行等中间金融机构的层层代理。跨境支付方式涉及的中间环节较多，费用较高且到账时效性不强。跨境

电商在跨境交易中引入“购付汇”和“收结汇”等业务，并结合人工智能、大数据、云计算等跨境电商依托的前沿技术，有效完成数据申报、支付结算以及电子对账等一体化综合服务，从而打破传统贸易中的支付瓶颈，促进跨境金融服务的快速发展。

二是跨境电商的特性对物流服务提出了更高的标准，直接推动了物流服务贸易的转型升级。跨境电商单个交易规模小、频率高、时效强，运输涉及不同关境，倒逼物流服务必须整合碎片化、独立化的服务体系，形成网络化、国际多式联运等现代物流模式，大幅降低物流服务成本，提升物流服务效率。跨境电商带动物流模式创新，海外仓、专线物流、国际快递直邮等物流模式的引入提升了物流服务贸易水平。截至 2020 年年底，我国超过 200 家企业在境外设立 500 个以上的海外仓，主要分布在美国、英国、德国等发达国家和地区。海外仓的布局能够有效降低企业物流成本、提高配送效率，为企业提供一站式物流解决方案。

3. 跨境电商有利于带动技术服务贸易和知识服务贸易繁荣

以“一带一路”沿线国家的服务贸易为例，在基础软件领域中，以金山、360 公司为代表的工具类软件企业，通过适应本土软件环境和用户需求，有效服务东南亚、南亚等周边市场。在网游方面，东南亚是中国网游的输出重地，市场规模达 1.3 亿人次，其中金山公司的《剑网 OL》、搜狐畅游的《天龙八部》在越南市场广受欢迎。在社交软件方面，中国网络社交平台的国际化正加速酝酿，社交服务类软件企业将目光聚焦到“一带一路”沿线国家，例如，腾讯的微信产品支持东南亚地区多国语言，并以明星代言等方式进行宣传，有效开拓了当地社交软件市场。

4. 跨境电商有利于削弱服务贸易壁垒

因服务产品普遍具有无形性、高附加值等特征，在出口过程中更容易面临文化争端和政治壁垒。因此，服务贸易供应商不仅需要对贸易伙伴国的经济形势、市场需求等客观情况进行分析，更需要对服务进口国的文化传统、消费习惯甚至政治环境等因素进行综合考量，以提高贸易进口国对我国服务产品的接受度。跨境电商的发展能够有效缓解服务贸易企业出口的文化困境：一方面，跨境电商促使许多服务产品线上交易成为可能，服务产品的消费可以通过互联网在同一时间、不同空间完成，节省了冗长的前期谈判、中间流通等环节，可以一定程度绕开潜在的壁垒。另一方面，同传统的贸易中介不同，跨境电商将服务提供方和需求方置于同一平台，具有更多的交互性，且平台对于他国制度、文化、法律等因素及其变化的反馈更具时效性和专业性，从而有效降低贸易摩擦，提高我国服务贸易的国际竞争力。

第四节 影响我国跨境电商企业出口绩效的分析框架

一、问题的提出

我国的国际贸易持续增长已成为政府关注的重点问题。跨境电子商务已成为扩大国际贸易的新方式。我国跨境电子商务之所以在进出口方面取得出色表现，得益于中小企业充分利用我国制造业大国优势，并不断地扩大海外营销渠道。支持国内中小企业更好地利用电子商务开展对外贸易，加强多双边国际合作，共同打造畅通安全高效的电子商务大通道，是我国鼓励企业走出国门并加强国际合作坚实的政策基础。

与此同时，我国跨境电商企业近些年也面临着越来越多的压力，一方面是成本压力，跨境电商企业的产品成本、营销成本、劳动力成本以及运输成本等各种成本均在上涨；另一方面是企业的先行优势下降，随着越来越多的新企业进入跨境电子商务行业，在位企业获得的平台流量越来越少，导致企业利润严重下滑，单个跨境电商企业难以持续发展。成本控制是跨境电商企业发展的基础，交易成本因其特殊性几乎决定着跨境电商企业未来的“命运”，不同类型的交易成本对企业的影响也与传统企业有所不同；企业竞争力影响着跨境电商企业的可持续发展，而先行优势是在位企业维持其竞争力的“先机”，同时也是后进入企业急需打破的“壁垒”。在此背景下，本节将构建影响我国跨境电商企业出口绩效的分析框架，分析影响我国跨境电商企业的出口绩效的主要因素。

二、影响我国跨境电商企业出口绩效的因素

（一）影响我国跨境电商企业出口绩效的有利因素

影响我国跨境电商企业出口绩效的因素有很多。首先是我国制造业具有的低成本优势。我国制造业经历半个世纪的发展，制造业水平已位居世界前列，具备了非常好的基础。在信息技术的驱动下，我国企业参与全球竞争的热情高涨，许多中小外贸企业开始通过跨境电商方式出口，较低的产品成本有利于我国跨境电商企业开拓海外市场，提高出口销量和出口利润，获取先行优势。

其次是我国相继出台的政策红利。蓬勃发展的跨境电子商务越来越受到政府的关注，为了支持国际贸易的进一步发展，已经出台了许多支持跨境电子商务的政策。我国跨境电商出口企业可以凭借《申报清单》办理出口退税，从而解决了企业通过跨境电商方式出口无法取得退税单的问题。这些支持政策均有利于提高我国跨境电商企业出口绩效。

最后是全球化带来的发展机遇。全球化进程已经成为商业社会发展的必然趋势，它极大地改变了世界经济，全球化进程的背后是贸易的行政壁垒减少，通信和运输成本大幅下降，这一发展趋势为我国跨境电商企业带来新的机遇。欧美市场已经相对成熟，其拥有较为完善的基础设施和通信基础，为我国跨境电商企业提供了广阔的出口市场。此外，崛起的东南亚等新兴市场的消费需求也在不断增长，也为我国企业提供了更多的发展机会。

（二）影响我国跨境电商企业出口绩效的不利因素

尽管我国跨境电商发展迅速，仍存在着阻碍其持续增长的不利因素。

首先，我国跨境电商企业出口面临的一大难题是同各国语言、文化、历史及习惯的差异性，很容易造成消费者不信任，这些障碍直接影响我国跨境电商企业在平台上的商品展示、营销推广、与消费者进行沟通交流等，对我国跨境电商企业提高出口绩效十分不利。

其次，我国跨境电商企业缺乏管理经验，销售观念不能及时更新。主要根源在于我国传统企业在转型跨境电商过程中，互联网接受及应用水平有限，销售习惯还停留在拓展传统渠道方面，对跨境电商出口环节和营销渠道的不熟悉所致。对于那些缺乏品牌创立与知识产权的中小企业更是如此，他们需要借助中间商进行出口，从而产生了出口电商服务商为传统出口企业服务的现象，这些中间商成本不利于我国跨境电商企业提高出口绩效。

最后，支付体系与物流环节的不完善阻碍了我国跨境电商企业出口。在跨境电商发展进程中，支付的全球化还需进一步完善，由于支付涉及各个国家的金融体系，各国对支付管辖均设有相应门槛，跨境支付的环节十分复杂。此外，物流运输环节是跨境电商发展中必不可少的流程，信息基础的不完善、讯息通信设备的不联通、仓储系统的不智能及运输公司途中的高丢包率均会阻碍我国跨境电商企业提高出口绩效。

对上述影响因素的定量分析研究尚不多见，而且现有文献并没有从经验上探讨这些因素对跨境电商企业出口的具体影响，而只是侧重于从理论方面定性分析跨境电子商务的影响因素。因此，有必要进行进一步的实证研究，以发现促进和阻碍跨境电商企业出口绩效的影响因素。

三、交易成本对我国跨境电商企业出口绩效的影响

交易成本理论是古典经济学的补充，它以生产和交易为基础，结合企业的静态能谈判、签订贸易合同、履行相关合同、提供售后服务等交易环节，手续十分繁复，交易双方沟通交流费时费力，成本较高。跨境电商利用互联网的低成本、沟通无国界等优势，大幅降低了交易双方的成本，这给我国外贸企业提高出口绩效带来显著的优势。

跨境电子商务在世界范围内越来越受欢迎，随着信息技术的发展，竞争已逐渐从成本质量等基于商品的属性转移到跨境电商企业的服务能力上。广义上来讲，交易成本是为达成一笔交易需要花费的所有成本。在传统国际贸易模式中，达成最终前产生的所有中间环节都与交易成本有关，减少中间环节是降低交易成本的根本手段，而跨境电商可以显著减少中间环节。迄今为止，有关在线贸易流量的实证研究非常有限，主要是由于缺乏在线跨境贸易的官方统计数据造成。由于服务水平日益成为跨境电商取得成功的基础，因此许多跨境电商企业将产品为主的逻辑过渡到以服务为主导。跨境电商开展的核心基础是信息交互与实物运输，从普通的线下离线交易向在线交易转变可能会降低与空间距离相关的交易成本。虽然距离对于纯粹的数字产品和服务的重要性不再重要，但是实物商品仍然需要跨境物流运输环节，漫长的运输时间以及通关等流程均会对跨境电商企业的交易成本产生影响。跨境电商企业运营成本与利润的核算往往形成这样一种局面，产品成本、平台佣金、运输费用以及利润收入各占约 1/4，运费成本降低一些，利润就会多一些，因此，卖家对于运费的变化非常敏感。在分析过交易成本对跨境电商企业出口绩效带来的直接影响后，由于不同国界、文化、制度和其他类型的阻碍因素也会影响跨境电商企业发展。基于传统的国际贸易引力模型，需要通过分析跨境物流运输中的信息成本对于消费者的重要性来阐述交易成本对跨境电商企业出口绩效的间接影响。

四、先行优势对我国跨境电商企业出口绩效的影响

企业先行优势是常被提及的理论视角，考察的是企业市场表现与其进入市场

时间可能存在的关系模式，并试图对这种现象进行解释。这些解释主要发生在两个层次：一个是群落，重点关注企业群落特征，如市场密度对企业进入的影响。当密度较低时，群落中会出现较高的企业创建率；随着密度的增加，竞争性逐渐占据主导地位，导致企业创建率下降。另一个是将企业作为分析单位，关注企业内部过程和组织特征，以及企业如何与环境发生互动，进而对企业绩效产生影响。

与发达国家相比，尽管我国跨境电商起步较晚，但是发展十分迅速，正逐步向世界领先地位迈进。一方面，研究成熟的跨境电商企业如何实现可持续发展具有现实意义；另一方面，如何促进制造企业向跨境电商领域转型，对于新进入企业而言，如何快速适应市场，实现追赶甚至超越，具有重大意义。Lieberman 和 Montgomery 认为，先行优势主要来自三个方面，即技术领先优势、抢占资源优势以及即时转换优势。然而，随着时间流逝，先进入者又将面临新的劣势，比如搭便车效应、市场不确定性、技术升级转换以及在位者惯性。跨境电商因其独特的性质为研究先行优势提供了特殊的环境，首先，由于跨境电商线上流程高度透明且可在线模拟，因此阻碍先行优势的因素很容易显现。其次，由于开展跨境电商的门槛越来越低，开设网上店铺的成本迅速下降这一事实，降低了先进入者技术领先和抢占资源的优势。此外，后进入的企业可以利用先进入者推出的成功产品进而模仿他们推出类似产品，从而减少技术和市场的不确定性。这些都表明跨境电商领域的先行优势是个值得研究的命题。

对于跨境电商企业而言，当它刚出现在市场上时，消费者由于不确定性可能会推迟购买决定，企业需要对这种不确定性做出反应，但是当企业逐渐熟悉市场后，往往会表现得游刃有余。对于刚入驻平台的跨境电商企业而言，需要认清楚行业的竞争状况以便确定适合的产品类型及定价，同时跟踪优秀的在位企业，不断学习和积累店铺经营经验。对于入驻平台有一段时间的在位企业而言，需要把握企业迅速成长的“红利时期”，这段时间企业绩效的增长会明显加快，受行业竞争的影响逐渐减小，成长期企业可以通过打造爆品、树立良好的声誉来提高企业绩效；当跨境电商企业发展到一定阶段后，企业出口绩效增长的速度会有所减慢，行业竞争对企业的影响变得非常小。新进入企业的平均利润往往较低，利用爆品策略来提升绩效的程度也最强，而成熟企业则更多受益于新品策略。

我国跨境电商在过去十几年时间内蓬勃发展，成为我国经济增长的新引擎。作为一种新型贸易业态，跨境电商显著减少了与开拓新市场相关的固定成本，通过入驻平台并缴纳少量费用后，卖家进入任何市场时便无须支付额外费用，极大地降低了与贸易相关的信息成本。作为我国经济增长的新动力，跨境电商吸引了来自学界、业界和政府的广泛关注，如何提升我国跨境电商高质量发展，如何减少跨境电商企业的交易成本，如何实现跨境电商企业快速和持续发展，这是每一个跨境电商企业都必须考虑的问题。

第五节　进口跨境电商平台的发展

一、进口跨境电商平台发展历程

根据进口跨境电商平台发展不同时段的特点，分为以下几个阶段：

（一）第一阶段

2004 年至 2007 年，主要是以海外留学生为主的代购时代，大多数留学生以及空姐等经常出国的群体帮助其国内的亲朋好友代购一些商品，消费群体比较集中，规模较小，跨境网购的普及率低。随着时间的推移，代购的需求越来越多，用户开始通过专门海外代购人群购买海外产品，很多人群发现了这个商机，直接批量采购海外产品带回国内售卖。

（二）第二阶段

2007 年至 2014 年，开始进入了海淘时代。消费群体不断扩大，消费需求与日俱增，商品种类也变得越来越丰富，不断涌现出一些专业的进口跨境电商平台，如 2009 年第一个进口跨境电商平台洋码头诞生。随后小红书平台于 2013 年成立，跨境网购用户逐渐开始通过专门的进口平台去购买进口产品。2012 年，国家批准了重庆、宁波、上海、杭州、郑州 5 个城市为首批进口跨境电商试点城市，随后广州和深圳陆续成为第六和第七个试点城市，拉开了国家扶持进口跨境电商行业的序幕。

（三）第三阶段

2014 年是进口跨境电商高速发展的一年，国家相关部门陆续出台一系列对进口跨境电商有利的政策来鼓励发展跨境电商，如海关总署下发扩大进口跨境电商试点和保税进口的力度等措施，逐渐规范化跨境网购环境。用户对海外产品的需求剧增，品类要求不断丰富，各类模式的跨境电商平台相继出现，如天猫国际、苏宁国际、蜜芽、网易考拉、亚马逊海外购等，满足了用户的购物体验。据艾媒咨询报告显示，2020 年天猫国际落实 5 年 2000 亿美元计划，吸引了全球 2.9 万个品牌入驻并启动了近 1500 条海外提货线路，助力进口跨境电商平台的发展。

二、进口跨境电商平台提升策略

我国进口跨境电商平台模式有很多，分为平台模式、闪购模式、海外买手 + 直邮平台模式、垂直自营平台模式、自营模式、自营 + 平台模式等，每一种发展模式都有其不同的优势和缺点。其中按照不同的分类方式可以将平台划分为不同的类型，按照运营方式可以分为自营模式、自营 + 平台模式、平台模式，按照商品种类可以分为综合型平台和垂直型平台。

进口跨境电商平台是依托于互联网技术下的大型综合线上平台，其虚拟性与传统线下购物相比有着不同的优劣势，优势主要集中于一站式服务，节约了用户的时间，而劣势则在于其虚拟性容易让用户对平台以及产品等方面均存在不信任，降低了用户的体验感。用户的体验如何直接关乎到平台的未来发展。前文对影响进口跨境电商平台持续发展能力的各项指标进行了深入研究，基于此实证分析结论结合进口跨境电商平台实际发展现状，我们将从以下几个方面提出针对性建议。

（一）提高平台用户体验

进口跨境电商平台服务的目标群体是用户，用户体验是其持续发展能力建设的关键。第一，注重平台营销宣传，加大广告投入力度。电商平台之间的竞争实质上是流量的竞争，基于传统媒介以及新媒体社交网络打开用户市场，提高用户的感知度。当前社会广告营销已经深刻影响着用户的购物理念，用户普遍对广告中的宣传有较高的认可度，在购物时首先会去关注熟悉的平台。平台应以大数据技术为依托，针对不同的营销工具以及营销方式精准触达目标用户，提高平台优质流量承载空间。第二，单纯的广告宣传只是辅助作用，并不会直接让用户去下单转化，因而最关键是注重产品质量的保证，以正品保障率为前提，提高用户的信任指数以及消费满意度。据艾媒报告统计，海淘用户在平台选择方面最关注正品保障，因此平台需加强对供应商入驻的资质审查，优化供货渠道，实施抽检以及对假冒伪劣商品予以严厉打击。第三，不断优化网页访问深度，在实证研究中该因素对评价结果起着重要影响，因此平台需优化页面模块配置，基于流量转化漏斗分析模块热度，以页面内容质量提升为核心，推进页面扁平化设计。洞悉用户浏览习惯，运用互联网技术精准识别用户需求。不断优化搜索引擎，降低用户点击次数，提高转化效率。

（二）提高服务能力水平

平台的服务水平直接影响用户的购物体验，在产品同质化的形势下，跨境电商平台持续发展能力建设的着力点即为服务，优质的服务体验将变成竞争的关键，会带动较好的用户留存。第一，要注重提高平台的售前售后服务能力，客服是用户售前沟通售后维权的桥梁，是用户与电商平台直接对话的窗口。不断提高客服响应速度、改善解决问题的效率是促进用户下单的根本保障。同时，平台需针对不同产品类型售后问题制定快速响应解决方案机制，完善售后服务保障体系，维护消费者合法权益。第二，从用户需求出发，提高用户需求满意度指数。平台需不断完善产品种类和数量，在平台可承载的容量范围内，提供更多产品供用户去挑选，对产品的规格特性要清晰地展现，避免给售后带来压力。第三，要基于大数据技术根据用户消费习惯和浏览记录等定向推荐相关产品，针对平台促销活动等能够准确识别客户群体并及时有效触达用户，针对订单完成情况可以分配相关客服予以追踪，询问客户在平台购物时的痛点，针对性地优化以提高用户的留存度。

（三）优化平台供应链

进口跨境电商平台发展如火如荼，这对跨境物流的发展提出更深层次的要求，不再是继续延续传统物流模式的发展格局，而是能够基于当前创新生态视角，通过结合当前时代物联网技术、大数据技术和人工智能技术下建设“智慧物流”体系，依靠其智能硬件技术提高物流系统智能分析决策和智能执行的能力。在智慧技术下，不再以传统劳动力作为主角，而是依托构建“智慧数据库”对行业数据进行分类归纳，基于人工智能算法对数据定向分析，对用户偏好进行系统总结，实现与跨境电商平台数据的无缝对接。智慧数据库的构建显得尤为关键，其在人工智能技术下发展现代科技产品无人机配送、智能快递柜、无人卡车、自动化机器人分拣等，丰富了物流运输渠道，节省了劳动力投入，在创新生态系统领域会取得技术领先。跨境电商平台在智慧数据库下，通过发展平台创新生态，有效将信息流、物流和资金流紧密联系起来，优化提升跨境物流信息化水平，确保数据能够及时有效地传递给企业，形成了一体化生态网络，促进了跨境电商与跨境物流的深度融合，为跨境电商企业的发展提供了有力的支撑。在此基础上，物流企业要加大海外仓的建设力度，在有效降低跨境物流成本的同时能够很好地提高海外客户的消费体验，积极推进“商贸 + 互联网 + 智慧物流”融合发展新模式。

（四）改进平台支付方式

便捷安全性对该评价结果起着重要影响，因此如何改善支付环境，提高支付的安全性便成为首要考虑因素。此前经常发生用户付钱后商家不发货以及资金的退还困难等问题，如果将区块链技术与跨境支付相结合，势必会为我国跨境支付发展提供新思路。区块链技术已经陆续在供应链金融等领域发挥重要作用，在跨境支付中，其作为货币间的交易媒介，能够做到货币间的快速兑换。其应用成功案例也屡见不鲜。国家要出台针对跨境支付的法律法规，依托当前的互联网以及大数据技术，保障跨境支付数据云共享，确保跨境交易数据的可获性，加强对交易风险行为云检测以及交易客户的云监管，做到“云支付 + 云监督 + 云反馈”机制，切实保障跨境支付系统的安全性，加强与跨境进口电商平台生态数据的对接与互联互通，早日与国际合作建立一个多层次多领域的跨境支付系统。围绕着跨境进口电商平台创新生态系统建设，对进口跨境电商平台、企业、用户提供一站式的解决方案。

（五）推进海关创新型系统

海关通关作业流程直接影响进口跨境电商平台整体运转效率。平台建设需要以提高通关效率为依托。首先，需要基于大数据技术和人工智能技术建立起“海关业务动态展示与监测预警平台”，加快推进海关通关各业务系统一体化建设，包括企业管理系统、查验管理系统、清单管理系统、H2010 等，努力建成智能化“数据仓库”，以“数据仓库”为核心，汇集跨境电商数据库、跨境物流数据库等数据网络全覆盖。基于大数据技术和云计算加快推进“海关大数据智能分析平台风险监控系统”，通过数据建模实现标准模块化分析方法；结合大数据云计算对数据进行加工和可视化分析，并根据加工贸易风险以及主要税源商品风险等门类进行智能模块展示。通过海关系统一体化建设，保障各环节数据信息智能化共享，推进便捷一体化核查机制，提高通关效率。其次，需要解决数据对接问题，涵盖各个环节、各个操作流程以及各业务主体之间，基于信息技术对跨境电商企业与用户信息实行动态数据交换，力求与各参与方在统一的进口跨境电商平台上实现全方位信息共享，做到“海关数据 + 电商平台”云对接。进口跨境电商平台的运营是一个系统性工程，平台的运营需要强大的数据库做支撑，在大数据技术下，要加紧建设数据仓库，打造平台智能化、一体化、多元化发展。

第六节　政策建议

一、加强政策支持，促进便利化程度

（一）简化通关手续，提高过检效率

除了大型贸易企业之外，跨境电子商务的多元化发展正在吸引越来越多的小型企业来应对跨境电子商务的趋势。跨境电商产业链的扩展与发展将带动产业从上游到下游的发展，从物流到仓储、促销、各种服务设施的完善以及专业第三方服务的快速发展。跨境电子商务涉及国家间贸易，但是在政策环境中，一国的进口、出口、税收和关税可能会影响贸易交易。尤其在互联网发达的今天，很多零售业选择邮件或者快递形式通关，然而通关手续复杂，随着进出口量的不断增加，无疑会加大海关的工作量，降低工作效率。因此简化通关手续是提高贸易速度和质量的重要方式，可以通过分送集报、将口岸和物流的数据进行对接及共享以实现数据共通等方式实现通关手续的简化。

（二）降低企业进入门槛，提供更多渠道

跨境电子商务是许多中小企业的首选方法，并降低了中小企业参与国际贸易的障碍。但是，跨境电商仍然难以扩展，对政策和访问渠道的限制存在许多障碍。因此，需要有政策支持来为中小企业提供税收优惠和优惠政策，以吸引和支持中小企业，同时提供更多出口渠道，包括电商平台和运输通道，助力打开国际市场。

（三）建设线下产业园区，实现协调发展

线下产业园区为跨境电商发展提供了产业基础，随着出口数量和种类的增加，规模逐渐加大，为了更好地实现规模经济，需要进一步协调各方资源，努力建设更多的海外存储基地，特别是在主要外贸国家开发更多的第三方存储设施，在提高分销效率和降低物流成本的同时，更加容易被当地人接受。

二、突出科技创新，完善电商生态圈

（一）建设线上综合服务平台

建设线上综合服务平台，打造信息枢纽。电商平台有几类，分别是 B2B、B2C、C2C、F2C、O2O 等，目前发展得比较成熟的平台主要是亚马逊、速卖通、wish、eaby 等。就像在线购物和离线购物之间的界线一样，电子商务中地理边界之间的界线通常也很模糊。现在，客户可以在全球范围内选择卖家，这已成为品

牌和在线零售商向全球市场展示其产品的必要。因此商品在面向客户时，有些信息是必须提前考虑，包括其他国家有哪些产品需求、哪些购物和营销渠道在目标国家或地区最受欢迎、新市场的当前竞争水平、本地化和翻译产品信息所需的时间和资源。最有效的方法是将精力集中在可能已经在使用并且已经具有全球影响力的渠道上。例如，利用亚马逊、阿里巴巴、eBay 和乐天等在线市场。这是一种通过客户信任的市场轻松地将企业产品介绍给新市场中数百万客户的肯定方法。不仅是线上平台的利用，还有社会媒体，像 Facebook 和 Instagram 这样的频道不受地域限制，并且在世界各地都很流行。包括最近兴起的 TikTok，利用广告效应传递电商信息，为平台引流。

（二）建设良好信用系统

建立信用体系是社会主义现代化诚信建设的重要环节，这是为了更好地管理并且向社会提供高质量的信用产品和服务。因此，我们使用诚信系统和诚信大数据来改善和优化诚信报告服务，并将这个工作规划在社会主义国家的建设中，以便每个人都可以参与。要利用天网项目和其他的现代化大数据时代的模型来管理不同类型人群的室内和室外诚信行为。主动转换被动的诚信信息收集，最大限度地利用大数据并链接部门、行业、部门、社区和家庭。

（三）增强科技人才培养力度

跨境电商的成长需要技术人才的支撑。要在人才领域提前布局，在人才培训上投入大量的不懈努力。我国需要在基本的前沿领域和地区投资人力、物力和财力，巩固基础并扩大影响范围，为更广泛的成长保障无尽的动力。企业和单位需要从质量、技能、经验、资格等方面加强职业培训，并着重于加强人才培训与工作需求的匹配。加强企业与高校合作，加强跨境电商课程建设，提供更多专业化培训；增强电商社会实践，更多跨境电商企业提供实习机会，进一步改善跨境电商人才培训体系。

三、推进全球跨境电商商务建设，促进各行各业综合发展

（一）发展海外仓，推动 B2B 出口

当下随着跨境电商的货运量逐渐增加，很多企业选择在海外建设海外仓，这样既能保证当地销售和市场份额，也能提高企业自身竞争力。但是海外仓运行需要很多保障，从仓储、拆包、换标、中转到售后都需要大量人力物力，对海外仓

的劳动力需求旺盛，因此需要发展优化海外仓。一是优化海外仓布局，集合本地优势资源，确定发展重点，加强海外仓的布局。二是创新海外仓建设模式，主要以大规模海外仓为主。三是发展海外仓优质管理人才，海外仓操作属于劳动密集型类，因此急需发展优质人才。

（二）创新金融支持模式，提升金融服务水平

金融创新服务可以降低企业的运营成本，在各个综合测试领域开发金融和保险等金融产品，并提高中小型跨境电子商务企业的交易能力。跨境电商是一种新的销售模式，具有增加的交易量和增加的资本要求，但是对于资本能力不足的中小企业，扩大业务规模需要相对大的资本要求。目前产品检查、库存和物流等全面的信息数据已经推出了创新的金融服务产品，例如“电子商务贷款”，并增加了用于跨境电子商务的无抵押和无抵押纯信用贷款。其次在贷款上提出金融支持，比如在支付结算平台上，给予资金规划时效性，降低手续费用。跨境在线购物者仍然更喜欢使用信用卡付款。但是，由于信用卡交易容易产生欺诈行为，而且匿名程度很高，因此在过去几年中，已经开发出了许多其他付款方式。PayPal是迄今为止全球范围内最流行的替代支付方式，它允许消费者以自己的货币完成交易。此外，它有一个非常受欢迎的买家保护政策，这使人们在网上购物时感到安全。而我国的支付宝支付也已在全球范围内实行，在考虑电商平台建设时，支付方式是重要的一环。

（三）商业模式创新

商业模式创新是跨境电商发展的关键驱动力。综合测试区遵循“开发标准化和标准制定”的原则，并鼓励跨境电子商务在经营模式带来大胆创新。首先是创新跨境电子商务对外贸易综合服务功能。各个电子商务平台需要独立开发各种综合的外贸服务平台，为中小型外贸企业提供所有服务。其次是创新供应链和物流服务。一些电子商务平台使用互联网 + 供应链的商业模式，这种生态系统的业务模型为全世界的跨境电子商务企业提供全面的对外贸易供应链服务和跨境电子商务，协助传统企业在经营模式上的电子商务转换，并为制造企业和贸易企业提供一站式综合物流服务。最后我们应努力创新跨境电子商务风险评估机制，建立“通关、报检、税收、汇款”全过程经营便利化服务系统，同时通过线下营销和物流网络覆盖全国。

（四）打造跨境电商品牌，促进提质增效

品牌效应是提升外贸竞争力的重要手段，跨境电子商务支持自主品牌的发展，扩大高质量产品的出口，并通过各种技术手段和商业模式（如智能促销和信息促销）实现营销目的。并进一步将“中国制造”向“中国智造”的转变。所以首先要制定品牌战略，必须从目标客户的角度考虑业务的各个方面，包括可视化呈现、消息传递、沟通。从这个角度了解业务将有助于吸引买家来打造品牌。除了体现业务价值之外，品牌风格还应该在网站上购物时为客户创造无缝的用户体验。其次要针对新兴市场，做大做强品牌。在相关政策指导下，部分企业利用跨境电商平台，重点开拓“一带一路”沿线国家市场，扩大品牌影响力，实现外贸出口和产值同步大幅增长。

第七章　跨境电商出口零售与制造业

第一节　相关概念界定与理论基础

一、产业集群

产业集群的形成与发展与一个国家或地区的经济发展竞争力强弱密不可分，对于产业集群的概念界定，也一直被学术界讨论研究，但至今似乎还没有得到统一。产业集群概念的界定最早可追溯至1990年，由美国著名学者迈克尔•波特（Michael Porter）在《国家竞争优势》一书中对产业集群进行定义：产业集群主要是指在一个特殊的区域范围内，地理邻近、业务相互联系的机构或企业的集合。而国内学者对于产业集群的研究，随着其在经济发展中地位的不断攀升，也收获颇丰。产业集群是在一定区域范围内，根植于地方社会文化环境的企业或支撑机构从事专业化生产而形成的柔性集聚合作网络。我们依照结构特征将产业集群分为，由众多中小型企业集聚形成的集群和由龙头企业或几个大企业为核心、众多提供相关支撑和配套业务的中小企业环绕的集群。产业集群是在某一特定领域内为了提高或维持自身竞争力的一群企业或一个产业链，通过信息传递和资源共享、技术创新互助以及协作等形成的集群形态。

由此可见，产业集群具有产业链集群和区域集群两方面的内涵。产业链集群可以理解为由多个不同类型的企业机构形成的集合体，而这些企业在特定的领域内实行专业化分工，通过产业链、价值链和供应链彼此相互连接和集成，实现规模化。区域集群即在特定的地域内相关联的企业聚集。

二、相关理论基础

（一）产业集群理论

产业集群理论用于探究企业在某一区域聚集所产生的影响。其中集聚理论认为，企业集聚不仅促进了分工与合作，还降低了生产成本，获得了更多发展机会；交易费用理论认为企业集聚使企业处于一个共同的稳定空间中，有利于企业之间的信用建立，并降低机会成本和信息的不对称，从而节省交易成本；创新理论指出，产业集群所构成的稳定氛围有利于知识的积累与学习的强化，由此带来的技术创新促进产业集群财富的增加，带动更多企业的加入与进一步的技术外溢。

跨境电商的构成更类似于一个系统，将产业集群效应作为基础，与跨境电商活动有关的个体、公司、组织机构等作为物种，在跨境电商平台进行沟通与交流，从而实现优势互补与资源共享，在物种间、物种与环境间进行信息、物流以及资金的流动、共享与循环的动态运动，从而形成多元化的跨境电商生态系统。制造业产业集群的构成企业主要包括生产型企业、经营型企业以及服务型机构，它们的聚集使得信息效率提高，交易成本降低，实现知识与技术的外溢。

（二）价值链相关理论

1. 产业价值链理论

价值链理论最早由迈克尔·波特提出，用于构建产业或企业获取竞争优势的基本框架。产业价值链则是将价值链置于更大的产业层面上进行产业内的价值创造与价值传递。对于产业价值链的理解，一是从产业链条关联的角度，即产业链上处于上下游的关联企业之间的价值链条；二是依赖产业链的价值属性，反映出价值创造、分配以及传递的商业本质。其原因在于，伴随着专业化分工、需求多样化、个性化等要求，任意企业都无法具备在产业链各个环节做到完美的能力，必须同产业链的上下游以及横向支持来协同产生价值。因此，跨境电商、制造业产业集群都将是依赖其产业上下游的支持来实现经济的盈利与价值的创造。

2. 虚拟价值链理论

信息技术的扩张，使得企业经营发展不再局限于物质世界，开始延伸到由信息构建的虚拟世界。虚拟价值链的观点顺势而生。虚拟价值链认为除了在实物世界通过传统意义上的方式获得价值，还存在由虚拟世界引发的不同于传统生产方式的电子商业，通过信息的获取、整合、组织、选择以及分析等来创造新的价值。而且虚拟价值链可以作用于实物价值链的各个环节上，因此，它是通过与实物价值链的协同合作来实现价值的创造以及新市场的开辟。

3. 复合系统理论

系统可以理解为由互相依赖的若干个组成部分集合而成的，是具备特定功能的有机整体，且这个有机整体又是被包含在更大系统中。因此，任何一个系统都不是孤立存在的，在其所属的更大的系统内，众多子系统之间相互联系又独立运行，系统内具有的要素、资源等也具有关联性。两个或者多个系统的交流互动以及资源的流动、信息的共享、技术的学习等形成了复合系统，故复合系统理论是各个子系统所属的主体要素、子系统在围绕复合系统运作时所共同作用的客体，也即复合系统的客体要素，它们在与外部环境进行物质和能量交换中相互作用形成了良性循环系统。

复合系统的重要作用就是实现各系统内各要素之间的交换整合以达到复合系统的良性运作。跨境电商与制造业产业集群构成的复合系统在子系统以及其系统内要素的相互作用下实现有序的协同发展。

4. 协同学理论

协同学最开始的出现是来自于德国学者赫尔曼·哈肯（Hermann Hakon）教授，他指出在完全不同的子系统之间会发生极其深刻的相似，无论是什么系统从无序状态向有序状态的演变，还是平衡相变或不平衡相变，这都是大量子系统之间相互作用而又协调一致的结果。因此，协同学理论主要涉及三个方面：

一是由于各子系统之间的协同而产生总系统集体效应的协同效应。这里涉及有序度与协同度的关系。有序度是用来度量有序程度大小的单位，复合系统的协同能力大小即协同度就是通过各子系统的有序度集成来体现的，因此，协同度就是复合协同能力大小的量化体现，是各子系统有序度集成的结果。

二是快变量服从慢变量，序参量影响子系统稳定性的伺服原理。其中，序参量是影响系统有序化的因素，是衡量系统有序度的重要指标。往往通过刻画各子系统序参量指标对于系统的贡献程度来进行取舍与计算。

三是各子系统之间自发的作用或反作用，形成从无秩序到有秩序的演变，形成特定功能或结构的自组织原理。其中，自组织功能的实现需要满足系统是开放的，且系统内各子系统是协调发展的。

协同发展是区域与区域之间、链条与链条之间或不同特征分类的圈子之间的资源要素、经济环境等各子系统之间的相互作用与推动，自发的形成具有稳定结构的共赢结果。这是一个动态前进的、融合互补的发展过程，是最终实现整体系统与各子系统结构完善、功能升级的优化过程。跨境电商与制造业产业集群构成的复合系统，其协同发展就是各子系统内的影响要素相互作用以实现由无序到有序、互补完善的过程。

第二节　跨境电商与制造业产业集群协同发展的机理分析

复合系统的协同发展就是两子系统在协同发展过程中，通过系统内要素的相互作用，信息流、资金流以及物流的交互运转来实现复合系统的协同发展，然后，参考专家以及易观智库等公开资料绘制其系统运作图。其中，跨境电商子系统的构成主要是以从事跨境电商业务相关的企业或组织机构，具体包括外贸企业或专业的电商企业、跨境电商平台、物流企业以及第三方支付企业等。在该系统的运作下，为客户提供建站、推广、支付以及物流等服务。制造业产业集群子系统则主要由生产型企业、经营型企业以及服务型机构聚集在某一区域内构成，且这些企业与机构在产业集群内提供原料采购、研发设计、生产制造以及物流营销等服务。

其中，信息流是实现复合系统协同发展的关键因素。随着价值链的升级更新，信息流在价值链，尤其是虚拟价值链中被赋予更高的价值——创造价值，即通过对信息的获取收集、整理分析与分配等环节，来实现价值的创造与产业集群核心竞争力的提升。因此，在其复合系统中，依托跨境电商生态系统，能够实现跨境电商与制造业间的优势互补，发挥跨境电商的优势，提升制造业产业集群的发展水平，增加产业附加值，打造具有世界先进水平的制造业产业集群。同时，跨境电商的物流体系、支付环境、信用与监管体系等也在制造业的发展过程中得到完善，这既来自于自身的不断成长，也来自为有效推动制造业产业集群发展的外在要求。简言之，跨境电商与制造业产业集群两系统在内外的作用下，相互完善与强化，进而实现两者复合系统的深入协同与发展。

通过对跨境电商与制造业产业集群复合系统的分析，两系统的协同发展有赖于内外多种因素的相互协作。而且，结合经济发展意义，跨境电商与制造业产业集群的协同不仅仅是简单地完成某一次产品的国际贸易，而是利用互联网技术、大数据分析等现代信息化手段展开的跨行业合作，是利用技术、知识等信息实现价值创造与产业的有效重构，从而使我国制造业更好地融入全球价值链中，实现制造业产业集群升级与跨境电商系统完善，推动对外贸易的转型升级。因此，接下来将考虑产业价值链理论，并借鉴现有的研究对跨境电商与制造业产业集群的协同发展机理进行相关分析。

一、推动研发创新

研发创新是企业形成行业竞争力优势的重要环节，其中，有不少学者的相关研究指出电商对于企业创新具有促进作用。通过对电商零售商的数据分析，我们发现拥有在线服务能力、规模经济和实体店的公司更倾向于利用电商提供的机会进行模块化创新。电商与企业的融合可以促进企业技术创新绩效，提高企业知识管理能力。在分析电商对产业研发创新的作用机制时，我们发现在研发投入作用上，电商销售额增加，研发经费支出减少，但电商采购额的增加会促进研发经费支出。

当前，我国制造业产业集群内产品同质化现象加重，同时社会对知识产权意识也有了很大提高，导致集群的知识溢出效应出现瓶颈，缺乏新知识、新技术以及新观念。跨境电商连接的是全球市场，对于世界领先的观念、科技等能够更迅速、更便捷地获得；跨境电商是互联网的产物，跨境电商平台拥有极其丰富的数据资源，又直接与消费者相接触，能够对消费者的消费习惯、消费要求进行统计与分析。因此，制造业产业集群内的企业依托跨境电商平台，利用互联网技术实现信息与资源的集聚，从而对集群发展进行创新改革，如产品研发与设计、品质等方面；跨境电商生态圈也可利用知识溢出效应升级自身平台，实现综合功能的完备。此外，跨境电商与制造业产业集群协同合作的目标之一是实现国际地位的提升以及国际市场份额的增加，而国际上尤其是西方国家具有较强的知识产权保护意识和打击假冒伪劣的行为，且其中众多企业具有相对较强的技术创新优势，因此，我国需要通过开放式的研发形式，缩小与西方企业的技术创新差距，实现制造业产业集群竞争力的增强。

二、提升制造效率

客户需求的多样化、个性化、定制化，以及消费市场的不稳定性致使制造业产业集群的制造环节面临着反应缓慢、产品积压以及资源不能充分利用等问题。面对制造环节存在的问题，柳洲（2015）等研究了产业集群互联网化的转型升级，指出在调整产业集群内部结构时，移动互联网、大数据和云计算等技术的应用，会使产业集群的工艺流程和产品线发生调整，实现产业集群内部结构的优化。通过对互联网、产业集群及其“互联网+”产业集群进行发展概述与阐述，我们发现通过数据联通，消费零售电商化实现制造业柔性生产，提高周转率。因此，互联网技术的应用对于产业集群调整制造结构、提升制造效率具有积极作用。其中，跨境电商作为互联网时代的重要产物，可以直接与消费终端相接触，利用互联网对大量直接真实的信息进行数据化分析，进而有效及时地掌握市场变化态势。

因此，跨境电商与制造业产业集群进行协同发展，制造业产业集群能够利用跨境电商平台信息传播的交互性，构建电子商务化的产品供应链条，将获得的客户需求信息、市场行情变化以及行业发展态势有效地传达至制造业产业集群的各个相关部门，以实现企业的个性化与柔性化生产。同时，跨境电商平台的应用将推动制造业产业集群以需求为导向的生产模式，深度了解用户需求，促进上下游企业的协同，充分整合市场资源且调动相关联资源要素的流动与配置，细化完善生产制造流程；提升制造业产业集群的生产效率，降低生产成本，实现缩短市场响应时间的目的。因此，在协同发展的过程中，跨境电商在制造业产业集群中的融入，既有效地满足客户个性化需求，提供符合需求的产品与针对性的服务，又可提高运营响应速度，对产品进行改进优化，增加产品品牌效应与附加值。

三、拓展营销模式

作为一种新型的交易渠道，跨境电商扩宽了我国商品对外出口的方式，甚至大大促进了相关产品的出口交易额，优化了产品的营销模式。在分析对比国外产品我们发现，中国女装在国内跨境电商的带动下发展得具有国际化、时尚化，并具有了款式丰富、快速更新以及性价比高等诸多优势，而且借助跨境电商实现了在巴西、俄罗斯等海外国家的出口贸易。有专家指出，打破中国茶在出口中的弱势地位，增加中国跨境电商茶出口，要善于利用跨境电商平台挖掘数据，提高产品与消费者搜索与消费习惯的匹配度，提高产品属性，实现茶产品的贸易增值。通过分析电子商务对制造业的影响，我们发现电子商务提供了新的营销平台，丰富了市场的信息流通渠道，降低了制造业企业的风险与成本。因此，跨境电商在与制造业企业进行协作过程中，可以帮助拓宽销售市场，增加营销模式。

传统制造业产业集群的销售只是通过线下交易，客户群体依靠的是长期积累，不管是数量还是规模都具有局限性。而跨境电商行业不仅具备丰富类型的客户群体、不同核心优势的物流服务企业，还拥有多方式的销售渠道，为制造业产业集群提供更多可供选择的营销方案和合作渠道，为产品销售提供更多机会。同时，随着制造业产业集群企业与跨境电商的不断协同，跨境电商平台上的产品提供商也越来越多，丰富了跨境电商平台提供产品的种类，这又会吸引更多的客户进行搜索和消费，增加跨境电商平台的吸引力与用户黏度，实现跨境电商企业的壮大与完善。此外，由于互联网技术的应用，跨境电商突破时间与地理上的阻碍，依靠智能化的数据分析，可针对消费者的需求实行精准定位销售；对消费者消费习惯和日常搜索进行数据捕捉，有目的性地进行推送服务等，从而更好地满足消费者的产品与服务需求。因此，跨境电商及其平台通过为制造业提供不同于传统的销售服务模式，既拓展了销售环节的价值创造空间，又使得相关企业的竞争力得到提升。

四、改善物流困境

制造业产业集群周围往往围绕着原材料供应商、中间品制造商、零售批发商等，具备较为完善的产业链，而且为了便于制造业产业集群中企业之间原材料、零部件的快速运输，往往配有成熟的物流运输体系。而物流作为跨境电商发展中的主要瓶颈，物流体系不完善、物流效率低等问题亟待解决。有学者指出，产业集群可以帮助跨境电商破解物流困境。在产业集群环境下，产业集群的临近效应便于建立高效的物流配送体系，可以弥补电子商务在物流上存在的问题。在分析产业集群的集聚特征时，我们发现产业集群内的相关企业可以通过共建仓储物流配送体系，集中解决跨境物流速度慢、价格高、退换货难等问题。

在跨境电商系统中，有的大型跨境电商企业利用自身优势在海外搭建物流网络系统，为自身的运营与发展提供支撑，但对于大多数中小型企业的跨境电商行业，并不具备搭建海外仓、构建物流联络的能力。而制造业产业集群的发展形成本就经历较长时间，所以在产业链的许多环节上往往具有更多的资源与经验优势，且与跨境电商产业链的一些节点上能够相互推动，进而改善跨境物流困境。制造业产业集群利用拥有的物流配送体系与跨境电商达成合作，帮助跨境电商完善物流网络，而制造业产业集群中的企业也通过跨境电商平台拥有更加快捷高效的配送操作与物流信息传输。其中，有能力的制造业产业集群还可利用自身集聚优势增加对物流基础设施的投入，构建仓储和物流中心，扩宽物流网络结构，增强物流时效性与服务。因此，在物流配送环节，制造业产业集群与跨境电商之间的相互作用能够帮助改善跨境物流困境，完善行业物流体系。

五、促进整体协同

我们从产业价值链整体角度，对跨境电商与制造业产业集群协同发展机理进行如下两方面的分析。

第一，增强企业间信任与合作。依托跨境电商，制造业产业集群可将其产业链上的各环节紧密地相连接，通过信息共享、业务重构，促进制造业产业集群内企业间创新知识共享、技术研发成果交流以及行业信息共享等，实现对市场需求的满足和对行业发展的推动；促进资源的合理配置与充分利用，实现产业集群企业的柔性化合理化分工与充分合作，从而增强企业之间的信任与配合程度。跨境电商发展迅猛，为完善其市场监管体系，政府制定了许多法律法规来维护与推动跨境电商的发展，如实施贸易便利化措施、进行跨境电商综合服务试点、制订电商法以及海关条例等，降低了跨境电商系统内企业的风险，提高了企业的运行水平与质量，从而对于产业集群内的中小型企业而言，可以更加有保障、更灵活地与跨境电商的相关企业进行合作，增加了企业间的信任。因此，在两系统的协同发展中，既可促进各系统内企业之间更深度有效的合作，也会增加复合系统内企业之间的信任。

第二，完善与优化系统。跨境电商作为制造业产业集群提升其全球价值链位置的重要途径，跨境电商的跨空间、跨时间的特性帮助制造业产业集群打破其地域属性，并在跨境电商网络平台的运行下，优化制造业产业集群产业链上的研发、制造、运营以及配送等各个环节，推动制造业的转型升级，形成积极的产业链升级发展的氛围。而跨境电商生态圈的建设还有众多不足之处，单独建设耗时耗力，而制造业产业集群的产业链布局完善，与跨境电商系统进行融合，可加速完善生态圈的建设。例如，在制造业产业集群中存在龙头企业，此类型的企业竞争优势强、发展成熟，在集群中具有较高的话语权，能对中小型企业起到示范作用，且往往会得到中小型企业追随，形成聚集态势。制造业产业集群内的龙头企业与跨境电商协作，可实现有效聚集和规模效益的带动效果等，进而使跨境电商系统中存在的物流、支付、品牌化等问题得到改善。因此，跨境电商与制造业产业集群应利用各自所具备的特点或优势，在两者的协同作用下，实现各系统的完善或优化。

第三节　跨境电商与制造业产业集群的现状分析——以浙江省为例

一、浙江省跨境电商的发展概况

（一）浙江省跨境电商的发展现状

近年来，我国跨境电商保持平稳发展，交易总额不断增长，行业结构也不断优化升级。浙江省作为中国跨境电商的主要试点城市，跨境电商的发展水平位居中国前列。广东、浙江、福建依靠自身优势占据了我国跨境电商交易规模的80%，其中浙江位居第二。通过对2016—2019年浙江省跨境电商网络零售的出口数据的研究发现，浙江省跨境电商的网络零售呈稳步增长的态势，每年的同比增长率在30%以上。2019年金华、杭州以及宁波三市的跨境电商网络零售出口额位于全省前三，其中三市占全省跨境电商零售出口规模的比重分别为51.7%、21.6%、9.9%，共占全省的83.2%。

根据浙江省商务部统计，服饰鞋包、家居家装、3C数码三大行业多年来居浙江省全行业网络零售额前三名，在2019年分别占比为37.5%、17.7%、13.1%，这三类共占据了全行业的68.4%。其余的份额由母婴用品、美装护肤、运动户外、食品保健、生活服务以及机车配件等行业占据。而且销售已覆盖美国、欧洲、俄罗斯等200多个国家和地区。其中，主要的跨境电商销售渠道是第三方跨境电商平台，包括速卖通、eBay、亚马逊、wish等国际性平台以及自建跨境电商平台，如全麦、执御等。

跨境电商平台的经营主体具有多样性，包括淘宝商家转型、传统外贸企业拓展跨境电商业务、传统生产制造企业构建自己的外贸渠道以及跨境电商综合服务企业与产业集群合作提供跨境电商服务等。因此，不同的经营者所采用的物流方式也不同。目前，浙江省的跨境电商的三大出口模式为：纳入海关跨境电商出口国际快递与小包行邮；采用一般贸易方式，运至海外仓再进行最后一环的物流配送；通过国际快递、小包直接派送至买家手中，此物流方式占比最大，在60%左右。

（二）浙江省跨境电商的发展特征

浙江省凭借得天独厚的优势以及政府、市场和企业的相互协调，跨境电商交易系统迅猛发展且逐渐完善。如今，浙江省跨境电商呈现出“体量逐渐增大，发展逐渐集聚，配套逐渐完善，氛围趋于良好”的特征。

1. 市场范围稳步扩大

目前，浙江省在全球性的大型跨境电商平台上，共活跃着各种产品类型的跨境电商出口网店约7万家。其中，具有代表性的跨境电商领军企业有全国最大的跨境电子商务平台速卖通，以及杭州全麦、浙江执御等电商企业。此外，在跨境电商综合试验区已有优质跨境电商产业链龙头企业入驻，如阿里巴巴、敦煌网等，而新商业模式跨境B2B和产业互动热烈，发展空间不可小觑。通过创新“互联

网 + 跨境贸易 + 中国制造”的商业模式，跨境电商综试区为实现“稳增长促转型”的目标，重构生产链、贸易链和价值链，帮助传统的外贸企业、制造企业发展海外市场，减本增利，打造自主品牌，为产业转型发展提供新的活力与动能。

2. 发展趋于集聚化

从 2015 年 3 月到 2018 年 7 月，浙江杭州、宁波和义乌三市设立跨境电商综合试验区。2019 年，杭州实现跨境电商进出口交易额 137.99 亿美元，其中出口 95.48 亿美元，增长 1905%；宁波跨境电商交易额增长 41.6%，且宁波保税区拥有近七百家的跨境电商企业，义乌凭借小商品集群优势吸引一大批从事跨境电商业务的企业与服务机构，浙江省跨境电商形成了“规模促发展，发展扩规模”的良性循环状态。此外，杭州余杭区、义乌市等 25 个县（市、区）充分发挥当地的产业特色优势，与亚马逊、速卖通等合作，发展相关跨境电商业务，激励浙江省的制造业产业集群积极进行跨境电商零售，拓宽产品销售渠道，推动产品品牌化、国际化。而且，浙江省产业集群跨境电商发展试点第二批中又批复 34 个产业集群，政府对产业集群跨境电商发展的重视程度可见一斑。

3. 配套支撑体系日渐完善

跨境电商系统中较为缺乏的服务类企业或机构也在发展中得到增加与完善。如国际物流快递或货代公司顺势设立跨境电商专项业务，深圳钱海以及浙江贝付科技等机构开展跨境电商结汇业务，pingpong、连连支付等一批浙江省内本土跨境支付机构也在快速发展成长中。据公开的海关数据显示，浙江省的跨境电商企业、平台、物流、支付企业备案数已达 4399 家，显示出了浙江省跨境电商全面发展的趋势。

跨境物流作为跨境电商向前发展、升级突破的一大瓶颈，海外仓、物流专线等新型的跨境物流模式正在不断丰富与壮大。以递四方、云途等跨境物流运输企业为代表，这些企业在美、英、澳、欧等多国都建立了海外仓或搭建物流专线以拓展仓储网络。杭州市现就具有 58 个合作的海外服务企业，为跨境配送提供保障。此外，由于一站式服务平台的出现，授信与融资难、资金回笼慢等跨境电商问题得到改善，使得中小企业专注于主营业务。浙江省还积极发布政策与通知，积极推进跨境电子商务综合服务企业，为发展中的跨境电商提供多方面的支持。

4. 跨境电商发展氛围良好

由于跨境电商综试区与国家自创示范区的叠加效应，跨境电商综试区建设不断推进，并取得丰硕成果。杭州的“两平台、六体系”的试点经验在全国被复制推广，宁波的“单一窗口”、国际邮件互换局等正式进入运营。此外，各大园区建设的跨境电商众创空间，致使各类创客不断加入。创业生态系统的日渐完善，好公司、好项目迅速发芽生长，诸多企业纷纷在国外建立海外仓，扩大物流覆盖范围，将零散的国际间运输转化为大宗运输，降低各环节物流成本。杭州首个海外 e-WTP 数字中枢的落地、杭州实验区的落地推进以及《浙江省跨境电商管理暂行办法》《浙江省跨境电子商务综合试验区零售出口货物免税管理办法（试行）》等政府政策的发布，表明政府也在积极探索适应跨境电商发展的新型监管服务体系和货物出口的管理方式。可见，浙江省政府以及相关企业都在积极探索跨境电商发展形式，共同打造良性的跨境电商环境。

（三）浙江省跨境电商发展中存在的问题

1. 产业结构

跨境电商本就是一个复杂的生态系统，包含经营型、服务型的各类企业，涉及信息流、商品流、物流、资金流的复杂产业结构。但是由于配套设施的建设落后于跨境电商的发展速度，跨境电商的产业结构既不完善又缺乏市场专业化程度。首先，浙江省跨境电商的经营企业类型多以中小企业或个体为主，存在产品质量不稳定，产品附加值低，售后服务程度有限、经营层次不高等问题。其次，浙江省跨境电商的出口额比重占比远高于进口额，进出口结构不均衡。再次，跨境支付平台除了国际支付平台 Paypal 外，国内的支付宝以及其他第三方支付平台，存在国际公信力不足、支付风险的问题，且数量少，质量信用参差不齐，满足国家要求的支付平台较少。最后，提供国际物流仓储的服务企业同样存在提供不足的问题。因此，尽管浙江省跨境电商相关的配套设施在不断完善，但当前产业结构不均衡也是真实存在的，对跨境电商的发展造成了实质性的限制。

2. 跨境电商物流

浙江跨境物流发展相对其跨境电商的发展而言较为迟缓。物流会随着跨境电商体量的扩大而发展，但是，跨境物流本就起步晚一些，而且跨境物流体系庞大，涉及纵横交错的跨境物流网络建设，物流运输的基础设施、冷链物流、海外仓等硬件方面的建设，以及跨境物流标准的制定、综合信息平台的搭建以及专业跨境物流团队的组建等软件建设。更关键的是，这些都不是一蹴而就的，需要投入大量的时间和资金，这就使得浙江跨境物流的发展程度、发展规模与跨境电商存在一定的差距。

浙江省当前跨境物流的方式主要是B2B2C模式、国际快递和小包，其中B2B2C模式主要是依赖海外仓的建设。根据从浙江省海关的统计路径来看，B2B2C模式是按照离岸价纳入一般贸易统计，而境外零售价的增值部分没有纳入统计。与此相对应的，直邮方式的跨境电商交易额占比是B2B2C备货模式的两倍多。尽管B2B2C备货模式还处于起步阶段，出口占比不大，但是B2B2C备货模式具有“集约化、可控性”的特点，对于未来跨境电商乃至整个外贸而言，是发展的方向，也是降低成本、提高物流效率的选择。因此，跨境物流硬件与软件设施的建设与完善，将会给跨境电商发展带来进一步的突破。

3. 监管机制

尽管跨境电商在清关、检疫、结汇以及税收等方面得到了相关部门的大力支持，也取得很大的突破，但是部门之间缺乏统一的协调，各部门间进行流程交接效率低，这也使得监管的便利化政策效应不能有效发挥作用。因此，需要建立一套符合跨境电商业务的监管流程。

从政府方面而言，当前的海关监管制度需要进一步满足跨境电商企业对于货物检查、通关效率的需求。尽管浙江杭州、宁波等地的跨境电商综合试验区也根据《全球贸易安全与便利标准框架》做好实际货物查验的规定，正在研究制定电子化无通关以及税收方面等便利化措施，以满足低成本与高效率的双重效果，但是目前也仅是在试验尝试阶段。对于国际而言，由于每个国家对于商品的进出关都有自己的监管体制和衡量标准，造成产品在进行国外清关时受到不同程度的限制。从企业层面来讲，企业质量参差不齐，行业监管不完善，存在“灰色地带”、逃税漏税等问题。而且对于国家发展政策而言，跨境电商是促进国家间生产分工协作，实现资源、产品共享的新通道，因此对跨境电商企业更应该加强监管以营造健康的市场氛围。可见，尽管政策扶持力度大，但监管体制的不完善对于跨境电商的整体发展存在深刻影响，阻碍其发展。

二、浙江省制造业产业集群的发展概况

（一）浙江省制造业的发展现状

浙江省作为极具发展活力的省市之一，紧跟国家现代化建设的步伐，在全方位开放格局中占据举足轻重的地位。浙江省制造业本就是优势产业，在改革开放中又充分改革创新、转型升级，成为浙江省经济发展的重要力量，在其国民经济

中占据重要地位。因此，特选取工业总产值、平均用工人数、企业单位数、产品销售率、利税总额五个行业经济效益指标对浙江省制造业的发展情况进行分析。

2010—2018 年，浙江省规模以上制造业的工业总产值呈现递增趋势，尽管增加率的变动不大，但呈现平稳增长态势；平均用工人数逐年递减，企业单位数趋势呈现波动递减，这与浙江省传统产业结构升级、企业合并重组以及人才素质的提升有关；产品销售率在波动中递增，利税总额整体上表现为上升态势，可见浙江省制造业产品社会需求度高，获利能力稳定，整个行业发展蓬勃，在浙江省国民经济占据重要地位。因此，通过对以上各项经济指标的分析可以发现，浙江省制造业发展程度水平具有一定高度，且整个制造业行业发展是蓬勃向上的。

（二）浙江省制造业产业集群的集聚水平分析

浙江省纺织业以及纺织服装、服饰业，皮革、毛皮、羽毛及其制品，以及制鞋业的区位值大于 1，高于全国的平均水平，在全国同行业中集群水平具有比较优势。这三个制造业行业的集聚水平如此之高的原因在于浙江拥有 5 个纺织类的产业集群——绍兴染料城、绍兴中国轻纺城、海宁皮革服装城、嵊州中国领带城以及湖州织里童装市场，其在全国纺织市场上都具有相当的位置。专业性的大市场带动的相关生产经营企业的聚集，从而形成规模性的产业集群。而浙江省农副食品加工业，食品制造业，酒、饮料和精制茶制造业，制鞋业，以及木材加工及木、竹、藤、棕、草制品业的区位值小于 1，低于全国的平均水平，企业分布零散，这是因为它们原料获取的特定性从而导致其地理聚集程度的低下。此外，从时间的维度看，劳动密集型制造业行业的集群发展变化整体呈波动下降趋势。

化学纤维制造业是浙江省资本密集型制造行业中区位熵最高的，且远远高于其他的资本密集型行业的聚集水平，但呈现出逐渐下降趋势。其中，化学纤维制造业集聚水平高得益于浙江省政府对该传统优势行业的扶持与改革。除了化学纤维制造业，家具制造业，造纸和纸制品业，文教、工美、体育和娱乐用品制造业，橡胶和塑料制品业，金属制品业的区位熵值也都大于 1，在全国同类型的产业集群中具有比较优势。印刷和记录媒介复制业的区位熵值在 1 附近波动，仍具有集群水平提升的潜力。黑色金属冶炼和压延加工业、非金属矿物制品业与有色金属冶炼和压延加工业的区位熵低于 1，其集聚水平低下，且整体发展波动小，提升集聚水平有限。

浙江省技术密集型行业中化学原料和化学制品制造业、通用设备制造业、电气机械和器材制造业、仪器仪表制造业的产业集群水平较高，这主要是由于浙江省孕育出了“中国阀门之都”玉环县、“中国低压电器之都”乐清市、拥有家用电力器具制造产业集群的慈溪市以及在宁波、台州等聚集着仪器仪表制造相关的企业。而医药制造业、专用设备制造业和计算机、通信和其他电子设备制造业的区位熵小于 1，集群水平不高。此外，从整体看，浙江省技术密集型行业的集群水平呈现波动上升的趋势，发展可期，集群水平有望进一步提升。

从整体来看，浙江省具有较高集聚水平的产业皮革、毛皮、羽毛及其制品和制鞋业、纺织业、纺织服装服饰业、化学纤维制造业、化学原料和化学制品制造业、通用设备制造业、电气机械和器材制造业及仪器仪表制造业，它们在三类要素密度分类中都有分布。此外，浙江省劳动密集型行业集群水平的下降，技术密集型与资本密集型行业集群水平的提升，表明浙江省正逐渐由传统制造业发展为主，转向具有技术与资金含量高的行业。因此，浙江省制造业产业集群水平整体较高，且向着技术和资本密集型行业集聚。

（三）浙江省制造业产业集群的特点

1. 聚集度高、产业链较完善

随着浙江省产业集群的迅速发展，集群的专业化程度日益增强，拥有了众多针对某一环节的专业化服务机构，为产业链的各环节提供针对性服务，并在靠拢过程中形成了较为完善的产业链。例如“中国轻纺城”绍兴聚集着 1000 多户经营者，拥有营业用房 15000 多间，经营面料 3 万余种，日客流量 10 万人次；织里童装在配套完整的童装产业链基础上，发展培育出了“兔子杰罗”等童装品牌，并吸引了大量省内外企业投资落户织里。还有“美国米奇”“日本巴布豆”等也将浙江织里作为生产基地。种种表现都可以看出浙江省制造业产业集群的产业链的发展与完善。

2. 产业同构严重

浙江省产业集群不管是规模还是地位都是全国前列的水平，却也存在严重的产业重构问题。这是由于浙江省的不少产业集群生产规模小，进入门槛低，企业间不具备足够的生产创新成本，容易相互进行模仿。另外，不少企业的品牌观念弱，导致企业只能采用拼装、贴牌等方式来赚取微薄利润，这不利于产业集群的长期发展。

鞋服制造是浙江省传统优势产业，但是产业同质化严重，浙江政府尝试从创新差异化上着手，从快消费转向快时尚。温州的夏梦·意杰服饰走高端时尚化路线，奥康、康奈等鞋业推出的皮鞋个性化定制以突破自身与同类产品的区别。但这只是个别企业进行差异化发展，产业集群中更多的中小型企业缺乏研发能力、不具备充足的资金储备，仍旧对于差异化的推进选择放置。因此，尽管存在企业改革，但效果不够明显，产业同构依旧严重，这对浙江省产业集群未来的发展、产业链地位的提升十分不利。

3. 创新能力不足

浙江省制造业产业集群的发展，使得区位地理优势、成本优势、资源优势等逐一显现，但是不少产业集群缺乏创新机制，存在产品档次低，附加低等问题。这就使得不少企业因缺乏创新能力而无法提供创新资源，无法推动产业发展壮大。另外，浙江省制造业产业集群中劳动密集型占比较多，资金、技术以及高素质人才缺乏，从而退而求其次进行引进或模仿，导致整个产业集群缺乏创新能力，消磨创新积极性等。尽管浙江省开展“互联网 + 专业市场”的项目，推动产业集群的知识共享与市场范围的扩张，以此来推进信息化、现代化产业集群的建设。但是目前整体上浙江省制造业产业集群还处于产品价值链的低端部分，创新能力还有待大幅提高，产业的转型升级仍需更多的发展。

三、浙江省跨境电商与制造业产业集群协同发展概况

为实现制造业的转型升级、跨境电商的进一步发展，浙江省依靠自身优势，结合外贸发展和产业特色，并颁布相关政策推进跨境电商与产业集群的协同发展。通过速卖通等跨境电商平台，借助块状经济雄厚的产业基础，扩大产品销售范围，转变传统制造业的发展模式，加速传统外贸的发展创新，实现两者的共同发展。

（一）浙江省跨境电商与制造业产业集群协同发展现状

2016 年，浙江省相关部门宣布《浙江省大力推进产业集群跨境电商发展工作指导意见》，实施首批 25 个试点工作。通过试点以点带面，现已培育出一批批优秀的自主品牌与具有优势的龙头企业，成功地走出了一条体现当地特色的跨境电商发展道路。在实施试点的一年内，第一批产业集群跨境电商试点就带动出口 720 亿元。而且在 2018 年的绩效考核中，19 个产业集群跨境电商试点获得 A 或 B 级评价。在 2019 年，浙江省又发布第二批产业集群跨境电商试点。在先后四年时间中，浙江省共设立了 51 个省级的产业集群跨境电商发展试点，并取得了

明显的成效，实现贸易出口额的增加、制造业企业的升级等。

在浙江省跨境电商与产业集群强势的协同发展势态下，其获得了优质的成果的同时也存在着不少问题。浙江省依旧有相当部分制造业产业集群未能高效地与跨境电商相互作用，会受到产品质量、物流服务以及专业人才等因素的限制。因此，为了进一步强化制度与政策供给，2020 年浙江省商务厅与财政厅联合发布《关于开展浙江省产业集群跨境电商发展专项激励的通知》，开展为期 3 年的专项激励工作，并经过评审发布了获得 500 万元、330 万元以及 200 万元不同档次激励资金的 22 个县（市、区），以推动各地区产业集群跨境电商的发展。政府还提出围绕主体培育、模式推广、服务支撑体系建设和加强考核监督四方面的工作，确保浙江省跨境电商与制造业产业集群协同发展工作取得成效。

（二）浙江省跨境电商与制造业产业集群协同发展案例分析

目前，跨境电商与制造业产业集群协同发展的模式主要有跨境电商化制造业集群龙头企业主导型，在以龙头企业为核心，其他中小型企业聚集的制造业产业集群结构类型，如萧山羽绒以及床上用品产业集群；跨境电商平台型企业主导型，如阿里巴巴的“淘工厂”；跨境电商平台型企业—制造业集群企业合作型，如浙江湖州织里童装产业集群；跨境电商化中小企业群生型，由众多中小型企业集聚形成的集群结构，如江苏省的沙集家具产业集群。各地区利用自身产业结构优势，采用不同的结构发展模式促进跨境电商与制造业产业集群协同发展。

1. 萧山羽绒以及床上用品产业集群

萧山羽绒以及床上用品产业集群是浙江的传统制造业产业集群，也是全国四大羽绒集散地之一。其凭借区位优势形成了以龙头企业为基础，中小型企业围绕的集群结构，并聚集着不少具有国际竞争力的优秀企业。作为第一批产业集群跨境电商发展试点，新塘产业园作为孵化中心，现已建成了拥有 1 万多平方米办公区域的新塘区人才培训中心和创新孵化区，并培育出了奥兰特家纺、胜利、迪欧达羽绒等优质跨境电商企业，实现在亚马逊平台上自主品牌羽绒产品销售额 7000 多万美元。同时，萧山区还积极搭建各类跨境电商服务平台，在拥有的 517 家跨境电商企业中有 70 多家平台服务型企业；建立以萧山区四大园区为基础的跨境电商平台数据库，实现企业经营情况明确化；与附近高校、第三方服务机构合作实现优质跨境电商人才的培养与输送。萧山区四大园区还将与空港物流园区、报税物流中心进行合作，构建完善的跨境电商生态圈，实现萧山羽绒以及床上用品产业集群跨境电商的有效对接与协同发展。

2. 永康市五金产业集群

永康市五金产业集群也是浙江省产业集群跨境电商发展试点之一。永康政府采取多措施同行，政策扶持、服务支撑与平台搭建，通过依托五金制造业的坚实基础，依靠跨境电商运营实现五金制造业的再次升级。永康市搭建跨境电商国际产业平台、出口备案系统、单一窗口服务平台以及政府规则的发布等实现跨境电商的良好运营。永康市五金制造业本就产业丰富，外贸业务多，跨境电商的介入形成完善的全产业链模式。2019 年，永康市的跨境网络零售出口额达 65.6 亿元，居浙江省各县（市、区）第二。当前，永康市已拥有 3200 多家跨境电商企业，分别入驻阿里国际站 1300 多家、速卖通 600 多家以及亚马逊 300 多家。政府还积极与阿里、谷歌等国际知名企业合作，借助大平台推动永康企业的布局发展。此外，永康五金产业集群与跨境电商的合作，打破了其产业集群与海外市场之间的屏障，实现了自主性经营，满足了制造业企业转型升级的需求，将中小型企业推向中高端水平。2020 年，永康市五金产业集群跨境电商获得了浙江省产业集群跨境电商发展试点的第一档专项激励资金，可见，其产业集群跨境电商发展的成效明显。

除此之外，杭州余杭区纺织服装产业集群，海宁市经编产业集群以及袜子、家居和家纺产业集群，瓯海区眼镜产业集群，鞋类、箱包产业集群等众多试点都在不同程度上得到发展，实现了增值与升级。同时，浙江省专项激励资金名单的发布，既鼓励了优秀的示范试点，又激励了其他试点的发展意识。结合浙江省跨境电商与制造业产业集群协同发展的情况、政府政策的扶持力度，浙江省跨境电商与制造业产业集群的协同发展态势良好，充满活力与动能，今后会在不断的发展与完善中，成为浙江省经济建设、外贸发展的重要方式。

第四节　跨境电商与制造业产业集群协同发展的对策建议

一、跨境电商与制造业产业集群的发展方向

（一）加快跨境电商生态圈建设与完善

跨境电商作为新兴行业，发展速度远大于与跨境电商相关行业的服务能力，

因此要加强跨境电商生态圈的建设，完善跨境电商系统各个环节。

第一，提高物流效率，降低物流成本。跨境物流是阻碍跨境电商发展的主要瓶颈，在第五章的子系统有序度权重结果中，物流企业的数量、航线数的权重值也相对较大，因此，改善跨境物流困境至关重要。完善物流基础设施的覆盖范围，搭建海外仓，构建全球性的物流运输网络，扩大物流配送范围，增加 B2B2C 物流配送模式的份额，减少物流配送周期；构建跨境电商物流信息中心，公开共享物流信息，实现物件的有效追踪，减少商品丢失率；推动跨境电商向智慧供应链服务商转型升级，将物流发展置于整个供应链中，实现在整体中的融合与提升。

第二，改善跨境电商监管环境。良好的监管环境可以有助于跨境电商企业的优质生长，消除现阶段存在的清关、结汇以及税收中存在的问题。培育风险低、安全性高的第三方支付平台，由政府部门扶持，企业制定审核和服务标准，适当提高服务门槛，从而降低服务双方风险、提升企业信用与规模；制定更为细致的监管规则，根据产品标准、产品品类等研究跨境电商便利化举措；政府在监管中可树立优质企业标杆，给予褒奖与资金投入，推动整体市场氛围向好发展，同时与海外优质品牌合作，加强内外融合，互惠共赢，实现良好发展。

第三，完善跨境电商产业链，优化环节服务。任一系统的发展都是系统内各要素共同作用的结果，是各环节有效连接的结果，跨境电子商务生态圈亦是如此。从事跨境电商相关业务的服务机构虽发展程度不一，却也支撑起了跨境电商生态系统的运转，实现了跨境电商产业链上物流、信息流以及资金流的流动，但其效率有待提高。构建公开、公正的评价体系，在评价互动中开展制度与商业模式的改进，优化跨境电商物流、支付、清关以及税收等服务环节的优化，实现产业链上企业自身质量的提升；构建跨境电子商务产业园区，成立跨境电商企业孵化中心，吸引从事跨境电商相关业务企业或服务机构的入驻，从而增加企业间的交流，增进合作亲密度，实现有效信息共享及知识外溢；利用互联网技术，打造信息交流渠道，以促进产业链上各环节的相互磨合，既保证数据资料的安全又实现效率的提升；通过跨境电商产业链上各要素的竞争与合作，提升各环节服务质量，优化产业链结构，实现跨境电商系统集约高效地转变。

（二）推进制造业产业集群系统创新

制造业产业集群面临转型升级，需要实现研发设计、生产制造、营销等各环节的创新，提升在全球价值链上的位置，实现高附加值。

第一，加大企业科研资金投入。创新是一个企业乃至一个国家发展进步的活力来源，因此，制造业产业集群要实现产品具有高附加值，就需要加大对科技研发各方面的投入力度。产业集群子系统有序度权重结果中，企业经费投入的权重最高，也体现了研发环节的创新对于企业发展的重要性。政府应大力促进技术创新活动的举办并提供充足的资金支持，改善科技创新相关创业项目的信贷与融资状况，积极培育创新孵化中心等；制造业产业集群企业应利用集群优势举办产品技术交流会，并主动增加自主创新部门的资金投入以及优秀技术研发人才的引进，实现产品的更新与价值的提升。

第二，借助互联网技术实现系统创新。通过互联网的数据化信息，简化制造业产业集群的制造流程，提升生产效率；实现信息链的高效畅通，提升企业的柔性化生产水平与个性化生产能力，从而降低企业的库存积累，增加企业的市场竞争力。此外，制造业产业集群企业利用数据分析结果，进行产品品类的调整与创新；消除产品缺陷，优化产品品质，形成品牌优势。利用互联网发展的产物大数据、云技术实现制造业产业链的信息交流透明化，以便快速响应，及时解决。因此，通过互联网技术，实现制造业产业集群研发、生产、销售等环节的创新，实现产业链的优化与完善，实现制造业产业集群产品附加值的提升，推动产业集群的转型升级。

第三，打造全产业链服务。培育全产业链是产业发展的必由之路，而从现实角度来看，依靠单一企业很难实现产业要素的聚集，这就无法真正实现产业链、供应链、价值链等链条规律性发展。因此，要加快发展全产业链，先是围绕技术、资本、供应、制造以及销售等环节发展产品链，然后依靠现代信息技术对于产业服务的支撑，实现制造业创新与融合。同时，按照全产业链的发展需求，整合全产业服务链。然后，构建全产业链供应系统，形成生态发展优势，实现从原料到研发制造再到销售的全程控制体系。除政策主导外，还应充分调动市场机制，形成产业发展目标，从而在各方的共同努力下，实现对制造业的资源整合与要素有效配置，推动产业的健康持续发展。

二、跨境电商与制造业产业集群协同发展策略

（一）加大政策扶持力度

政府相关部门虽已发布了一些政策来促进跨境电商与制造业产业集群的共同发展，但是跨境电商发展还未进入成熟阶段，制造业产业集群打破固态模式仍需

要缓冲准备，需要政府加大扶持力度，更高效地实现协同发展。

第一，积极推进协同发展试点项目，实现精准扶持。不管是跨境电商的发展还是制造业产业集群的转型升级，政府都有相应的激励或优惠政策。同样，跨境电商与制造业产业集群的协同发展也应根据两者协同发展的情况制定针对性的政策支持。因此，在省市推动产业集群跨境电商试点项目的基础上，各地方政府可结合地方特色与地方发展状况制定更为精准的扶持政策，开展产销活动，激发企业作为市场发展主体的活力，实现最贴合实际的协同发展。政府的扶持除了试点推进、资金激励等手段外，还应完善法律体系。制造业产业集群缺乏产权意识，跨境电商缺乏品牌化，存在虚假欺诈信息，利用法律制度规则来避免发展中存在的产权问题、遏制乃至消除虚假伪造，提升企业生产制造的创新性。

第二，利用国家项目，增加与国外政府的合作。单纯凭借企业的资本、技术等能力，很难实现在海外市场的壮大。而由政府主导，与国外政府进行合作，拓展国际班列的范围以及数量，增加国际航线，与公共海外仓的建设等，加速物流运输速率，改善产业链上物流环节的困境。“一带一路”作为国家的重点项目，推动与沿线国家的贸易发展，实现国内包括制造业在内的众多行业的对外贸易发展。当前，跨境电商已成为“一带一路”发展的重要枢纽，数字丝绸之路的构建，国家间网络贸易中心的形成，将在一定程度上消除国际贸易壁垒，增加企业信用，缩减产品出口的烦琐流程时间，增加国家产品的出口品类。

（二）促进企业间协同共享

不管是跨境电商、制造业产业集群的发展还是两者的协同发展，离不开政府所做的包括政策优惠、资金激励以及项目倡导等举措，而项目的实行与落实需要关联企业进行具体实施，因此，跨境电商相关企业、制造业产业集群内的众多企业发挥着至关重要的作用。

第一，建立产销对接机制。构建跨境电商企业与制造业产业集群的产销对接机制，发挥政府相关政策活动的价值，实现企业间交易衔接。传统的制造商往往由于与市场缺乏直接高效的交流渠道而造成销售渠道有限、产品规划滞后等问题，而跨境电商基于互联网技术，销售范围涉及广泛，信息更新及时快捷，且能与制造商、消费者直接接触。因此，通过产销对接机制的建立，可加快改进制造商的产品生产规划，扩大产品的销售范围，而跨境电商也随着与不同层次、不同类别产品制造商的对接，拥有庞大的优质货源，实现灵活的销售策略与服务。所以，在政府政策的推动下，跨境电商企业与制造业产业集群企业可以先进行初步合作，相互了解对方的运行机制，制定目标范围，以对接合作效果为标准，在得到目标效果的情况下，再进一步进行更深度的合作，从而实现产销对接机制的形成与完善。

第二，搭建信息交流平台。跨境电商系统与制造业产业集群系统在很大程度上是独自运营，但是正如前文中对两者的协同发展作用机理分析，两者的协同发展带来产业价值链上的各环节的改善与优化。然而，种种成果所依赖的就是跨境电商与制造业产业集群之间信息的交流与共享。因此，除了优化跨境电商生态圈，还需要搭建跨境电商与制造业产业集群之间的交流桥梁，实现信息共享。如制造业产业集群与跨境电商产业园区、物流园区、报税物流中心等形成合作，利用大数据、云技术、区块链等构建智慧信息交流平台，实现产品信息、交易信息、物流信息的互通。然后通过数据信息的整合进行回馈从而实施进一步的改善，降低不同企业之间的交流成本、运营成本，提高各环节的运作效率，实现制造业产业集群系统与跨境电商系统的协同发展。

（三）培养综合型专业人才

行业的发展、技术的升级以及产品的更新等都是由众多专业性人才努力的结果。因此，跨境电商与制造业产业集群的协同发展也需要具备综合能力的专业优秀人才。

在两者的协同发展中，跨境电商系统需要跨境电商的多元化人才，制造业产业集群的企业中也需要具备跨境电子商务的运营人才，这样才能让制造业正确地、高效地实现与网络平台的连接、与销售环节的融合。而跨境电商涉及电商平台营销、跨境物流、跨境支付结算以及售后服务等环节，需要与国外消费者进行交流，故培养复合型的跨境电商人才，其从事跨境电商的人员应具备熟练的外语交流水平，了解国外的消费习惯、文化习俗、相关法律法规以及基本的金融与财务知识等，能够在实践中应用自如。所以，政府、高校以及企业三方应有效对接，积极联动，推动综合型专业人才的培养战略，如由浙江省的 13 所高校、10 家跨境电商平台以及中介服务机构共同构建的跨境电商人才联盟，杭州跨境电商研究院以及跨境电商人才对接会等。通过政府搭线、高校培养、企业实战等多方的协作，实施“分层次、分梯队”的培训体系，实施多元化人才培养，为促进跨境电商系统的优化、制造业产业集群的转型升级提供优质人才供给。

第八章　跨境电商行业发展展望

在跨境电商交易中，如何完善平台体系建设、加强内部信用管理、提升各环节的综合服务能力，是促进跨境电商企业持续健康发展的关键。结合我国跨境电商行业发展中出现的问题及其原因，对我国跨境电商行业发展提出以下几点建议。

一、健全法律法规并加强监管

首先，政府和国家监管部门应该根据当前市场需要，积极制定相关跨境支付、物流运输、网络交易等环节的规范标准，以指导跨境电商行业稳健发展。目前在我国跨境电商行业还存在着立法缺失，仅有的政策规定和公告并不全面，有的界定可能不具备实际操作性。2019 年 1 月 1 日正式施行的《电子商务法》可以说是我国在保障电商运营等环节的第一部专业法律，但是很明显跨境电商并不等同于国内电商的交易，不仅环节多且涉及的范围更广，在税收、出口结汇退税等方面若没有明确的法律规制要求，很容易出现偷税漏税和监管未到的“灰色地带”。所以政府应该加强引导和监管，健全平台营销，商家准入机制等方面，拓宽电子商务法律的涵盖范围，构建体系完整的跨境电商法律。

明确电商主体责任界定，从本质上讲，电子商务实际上是先进电子信息技术在商务活动方面的运用与拓展，与实体商务相比，电商有了更多的虚拟性。参与电子商务交易的主体既有经过正式工商管理登记的 B2B 或者 B2C 中传统企业的形式，也有可能存在虚拟或者非正式来源渠道开设的网络经营品牌。跨境电商本身可能带来不同的开放性问题，尤其在基于不受时间、地域和国境因素的限制情况下，产生虚假信息却又无法追根溯源明确责任也就成了跨境贸易交易中的一个弊端，因此应该加强监督管理，建立渠道服务商等真实性身份的审核等，明确跨境电商经营主体的合规性，包括与跨境经营相关的网络交易平台的连带责任，才能更好地应对跨境网络交易中发现的问题，以明确责任、清查解决。

二、完善交易环节的保障制度

应完善跨境电商交易在各环节的保障制度。在信用体系方面，严厉打击失信行为，对有虚假信息操作和售卖假冒伪劣货品的经营者加大处罚力度，违法成本的增高会有效降低信用风险；其次建立跨境电商企业与保险公司合作的机制，为跨境电商交易本身提供多领域的风险保障，这既是对消费者权益的保障，也能降低交易经营企业的损失成本；完善申报、检疫通关细节，争取做到网上服务信息透明，且保障交易支付安全可信，从各个环节降低跨境电商交易的风险。

加强对商品的监管，在确保入驻主体或相关境外企业经营实名制的同时，应建立统一的入境产品质量标准体系，同时加大对入境品的抽查检验的范围，对所有跨境商品统一调查并且记录统计。传统的检疫手段可能已经不适合快速增长的跨境电商交易量，且检疫监管方式若不能有效且安全地进行，也会损害消费者权益，尤其在应对诸如奶粉、化妆品、一些食用级别的产品时，应该在完善申报通关体系的同时，将报备与产品信息追溯相结合，以安全卫生为核心，增强对产品质量安全的风险评估。

三、健全相关配套体系

首先，应该整合资源，搭建完整的服务链条。电商平台的交易主要由整体相连的货物供应商、跨境电商平台、服务提供商以及消费者四部分所构成。而跨境交易又是整合了物流、结汇、支付以及海关等一系列环节，电商行业应打通产业链的上下游，以帮助跨境电商主体增强竞争力，实现行业全方位发展。在政策标准尚未完全建立起来的同时，加之各环节间的互动且协同程度很低，必须做好跨境电商平台建设。利用平台建设可以更好地整合资源，提高跨境交易的效率。不仅如此，创新平台服务体系也能有机会让更多实力尚不足的小众品牌进入已搭建的平台，从而提供各环节交易的便利性，降低整体贸易行业的门槛。

其次，完善相关支撑服务体系，包括物流与支付环节。跨境物流如今是制约跨境电商发展的高频率问题，合理的物流体系，比如通过建设海外仓和专属仓储中心等方式，可以合理地降低运营风险，减少中间不确定环节的运输，同时降低企业的物流成本。构建信息化物流和高效的国际服务商，深化跨境电商企业与国际物流商的合作，优化物流各环节的资源配置。只有当物流配套体系建设与当前我国跨境贸易度相匹配，才不会制约我国跨境电商的发展。在支付方面，降低交易风险并完善支付流程，加强平台交易者内部信用管理。比如建立加密举措以完善支付的内外部环境。加强与境外金融机构的合作，优化资金结算等。相关配套体系的完善，换来的不仅是对消费者服务质量的提高，甚至可以更好地帮助跨境电商企业拓展业务，扩大交易规模。

最后，创新平台信息服务，做到交易信息的透明和共享。公共信息平台的建立可以更好地推进企业备案、商品管理以及关于产品流动和进出口事项等的管理。在当前信息安全性不高、虚假信息冗杂且交易支付不安全频发的状况下，创新跨境电商平台建设可以在某种程度上起到好的信息中介与支付保障的作用，更容易被平台消费者所信赖。往往跨境交易的企业在长途运输时，无法做到物流信息及时更新，加之方式复杂，路线长，跨境电商企业本身可能无力完全跟踪并向消费者准确提供物流信息，但跨境电子商务公共信息平台的建立可以帮助众多跨境电商交易企业弥补这一缺憾，做到信息及时地更新与传递，也能让消费者对跨境消费本身产生更多的信任，从而促进跨境电商行业的持续良性发展。

四、培育跨境电商综合人才

要注重人才的培养和相关投入。跨境企业人才培养是长远发展不可忽视的因素之一，跨境电商的发展属于新兴行业，本身人才储备和经验就不足，加上电商又涉及到营销、外贸、语言等多领域的问题，培育能促进跨境电商行业发展的全方位人才将有可能成为未来跨境电商企业竞争力的重要方面。具体做法比如促进高校与跨境电商企业合作以攻克技术问题，优化交易流等；构建人才库，做到高校输送与跨境电商企业合作培养，使相关人才培养做到理论结合实际，复杂问题具体分析。

当前中国跨境电商整体规模稳步增长。我国跨境电子商务的运营大环境，不论从经济发展、居民消费水平还是宏观政策的角度出发，都具备良好的发展条件与增长潜力。只有在把握当前跨境电商蓬勃发展机遇的同时，解决发展中出现的诸多问题，才能促进我国贸易持久健康发展。

参考文献

[1] 沈庆琼，钟晓燕 . 区块链技术在港口航运领域的应用 [J]. 物流与技术，2018(37):12.

[2] 黄涛 . 跨境电商中的消费者权益保护问题研究 [D]. 武汉：华中师范大学，2019.

[3] 刘哲，郑子彬，宋苏，等 . 区块链存在的问题与对策建议 [J]. 中国科学基金，2020，34，1:7–11.

[4] 潘晨，刘志强，刘振，等 . 区块链可扩展性研究：问题与方法 [J]. 计算机研究与发展，2018，55，10:2099–2110.

[5] 梁喜，张海菠 . 区块链技术在国际支付中的应用模式探析 [J]. 会计之友，2021，2:155–160.

[6] 斯科特，塔普斯科特 . 区块链革命 [M]. 北京：中信出版社，2016.

[7] 罗伟 . 区块链背景下跨境电子商务商业模式发展研究 [J]. 河南财政税务高等专科学校学报，2020，34(6):22–26.

[8] 陈前 . 基于区块链的跨境电子商务平台商业模式研究 [D]. 北京：北京邮电大学，2019.

[9] 郎玲，李子良 . 我国跨境电商发展现状及支付问题研究 [J]. 合作经济与科技，2019，2:124–127.

[10] 朱彩华 . 区块链跨境支付法律监管路径研究 [D]. 兰州：兰州大学，2020.

[11] 盛甫斌，刘晓冰 . 区块链技术在跨境贸易场景中的应用 [J]. 企业管理，2021，1:114–118.

[12] 李明佳，汪登，曾小珊，等 . 基于区块链的食品安全溯源体系设计 [J]. 食品科学，2019，40(3):279–285.

[13] 覃兆祥 . 区块链技术带给供应链管理的机遇与挑战 [J]. 物流技术，2020，39(1):17–20，33.

[14] 菲利皮，赖特 . 区块链监管：代码之治 [M]. 北京：中信出版社，2018.

[15] 许可 . 自由与安全：数据跨境流动的中国方案 [J]. 环球法律评论，2021，43(1):22–37.

[16] 白丽 . 中小外贸企业跨境电商运营现状分析及对策 [J]. 中国商论，2021，5:32–34.

[17] 马林静，梁明，夏融冰 . 推动新时代中国贸易高质量发展的思考 [J]. 国际贸易，2020，7:41–46，71.

[18] 李琦 . 全球价值链背景下郑州航空港区产业升级对策研究 [D]. 郑州：郑州大学，2020.

[19] 胡涛 . 综合试验区跨境电商产业竞争力比较研究 [D]. 南昌：南昌大学，2020.

[20] 丁涛，胡汉辉 . 创新驱动经济高质量发展分析——以中美贸易战为背景［J］. 技术经济与管理研究，2019，12:100–104.

[21] 李德敏 . "一带一路" 背景下郑州市物流业发展研究 [J]. 经济研究导刊，2019，34:50–51.

[22] 贺蓿蓿 . 跨境电子商务与物流协同发展研究 [D]. 郑州：河南财经政法大学，2019.

[23] 李芸嘉，丁琪 . 新冠疫情对跨境电商物流的影响分析 [J]. 物流科技，2020，43，7:67–68.

[24] 林智勇 . 新型冠状病毒疫情对跨境电商带来的影响及应对措施 [J]. 计算机与网络，2020，46(4):9–10.

[25] 吴芬 . 贸易便利化与中国跨境电商的发展研究 [D]. 杭州：浙江大学，2017.

[26] 秦佳怡 . 电商直播营销传播模式研究 [D]. 上海：华东师范大学，2020.

[27] 张倩祎 . 中小企业国际化的路径创新 [D]. 长春：吉林大学，2020.

[28] 王玉颖 . 我国跨境电商政策效应的统计研究 [D]. 杭州：浙江工商大学，2020.

[29] 祝梦瑶 . 我国跨境电子商务法律制度的困境及完善 [D]. 杭州：浙江大学，2017.

[30] 孙楚仁，张楠，刘雅莹 . "一带一路" 倡议与中国对沿线国家的贸易增长 [J]. 国际贸易问题，2017，2:83–96.